DU MÊME AUTEUR

Aux Éditions Gallimard

PRÉCIS DE DÉCOMPOSITION

SYLLOGISMES DE L'AMERTUME

LA TENTATION D'EXISTER

HISTOIRE ET UTOPIE

LA CHUTE DANS LE TEMPS

LE MAUVAIS DÉMIURGE

DE L'INCONVÉNIENT D'ÊTRE NÉ

ÉCARTÈLEMENT

Les Essais

La chute dans le temps

par E. M. Cioran

nrf

GALLIMARD

L'arbre de vie

Il n'est pas bon pour l'homme de se rappeler à chaque instant qu'il est homme. Se pencher sur soi est déjà mauvais ; se pencher sur l'espèce, avec le zèle d'un obsédé, est encore pire : c'est prêter aux misères arbitraires de l'introspection un fondement objectif et une justification philosophique. Tant qu'on triture son moi, on a le recours de penser qu'on cède à une lubie ; dès que tous les moi deviennent le centre d'une interminable rumination, par un détour on retrouve généralisés les inconvénients de sa condition, son propre accident érigé en norme, en cas universel.

Nous percevons tout d'abord l'anomalie du fait brut d'exister et ensuite seulement celle de notre situation spécifique : l'étonnement *d'être* précède l'étonnement d'être *homme*. Cependant le caractère insolite de notre état devrait constituer la donnée primordiale de nos perplexités : il est moins *naturel* d'être homme que d'être tout court. Cela, nous le sentons instinctivement ; d'où cette volupté toutes les fois que nous nous détournons de nous-mêmes pour nous identifier au sommeil bienheureux des objets. Nous ne sommes réellement nous-mêmes que lorsque, dressés en face de soi, nous ne coïncidons avec rien, pas même avec notre singularité. La malédiction qui nous accable pesait déjà sur notre premier ancêtre, bien avant qu'il se tournât vers l'arbre de la connaissance. Insatisfait de lui-même, il l'était encore plus de Dieu qu'il enviait sans en être conscient ; il allait le devenir grâce aux bons offices du tentateur, auxiliaire plutôt qu'auteur de sa ruine. Il vivait auparavant dans le pressentiment du savoir, dans une science qui s'ignorait elle-même, dans une *fausse* innocence, propice à l'éclosion de la jalousie, vice qu'enfante le commerce avec plus chanceux que soi ; or, notre ancêtre frayait avec Dieu, l'épiait et en était épié. Rien de bon ne pouvait en résulter.

« Tu peux manger de tous les arbres du jardin, mais tu ne mangeras pas de l'arbre de la connaissance du bien et du mal, car le jour où tu en mangeras, tu mourras certainement. » — L'avertissement d'en haut se révéla moins efficace que les suggestions d'en bas : meilleur psychologue, le serpent l'emporta. L'homme, du reste, ne demandait qu'à mourir ; voulant égaler son Créateur par le savoir, non par l'immortalité, il n'avait nul désir d'approcher de l'arbre de vie, n'y portait aucun intérêt ; c'est ce dont Yahweh parut s'aviser, puisqu'il ne lui en interdit même pas l'accès : pourquoi craindre l'immortalité d'un *ignorant* ? Que l'ignorant s'attaquât aux deux arbres, et qu'il entrât en possession et de l'éternité et de la science, tout changeait. Dès qu'Adam goûta au fruit incriminé, Dieu, comprenant enfin à qui il avait affaire, s'affola. En plaçant l'arbre de la connaissance au milieu du jardin, en en vantant les mérites et surtout les dangers, il commit une grave imprudence, il alla au-devant du désir le plus secret de la créature. Lui défendre l'*autre* arbre eût été d'une meilleure politique. S'il ne l'a pas fait, c'est qu'il savait sans doute que l'homme, aspirant sournoisement à la dignité de monstre, ne se laisserait pas séduire par la perspective de l'immortalité *comme telle*, trop accessible, trop banale : n'était-elle pas la loi, le statut du lieu ? Autrement pittoresque, la mort, investie du prestige de la nouveauté, pouvait en revanche intriguer un aventurier, disposé à risquer pour elle sa paix et sa sécurité. Paix et sécurité assez relatives, il est vrai, car le récit de la chute nous permet d'entrevoir qu'au cœur même de l'Éden le promoteur de notre race devait ressentir un *malaise*, faute de quoi on ne saurait expliquer la facilité avec laquelle il céda à la tentation. Il y céda ? il l'appela plutôt. En lui se manifestait déjà cette inaptitude au bonheur, cette incapacité de le supporter dont nous avons tous hérité. Il l'avait sous la main, il pouvait se l'approprier pour toujours, il le rejeta, et depuis nous le poursuivons sans le retrouver ; le retrouverions-nous que nous ne nous en accommoderions pas davantage. Qu'attendre d'autre d'une carrière commencée par une infraction à la sagesse, par une infidélité au *don d'ignorance* que le Créateur nous avait dispensé ? Précipités par le savoir dans le temps, nous fûmes du même coup dotés d'un destin. Car il n'y a de destin qu'en dehors du paradis.

Si nous étions déchus d'une innocence complète, totale, *vraie* en somme, nous la regretterions avec une telle véhémence que rien ne pourrait prévaloir contre notre désir de la recouvrer ; mais le poison était déjà en nous, au commencement, mal indistinct encore, qui allait par la suite se définir et s'emparer de nous pour nous marquer, pour nous individualiser à jamais. Ces moments où une négativité essentielle préside à nos actes et à nos pensées, où l'avenir est périmé avant de naître, où un sang dévasté nous inflige la certitude d'un univers aux mystères dépoétisés, fou d'anémie, affaissé sur lui-même, et où tout se résout en un soupir spectral, réplique à des millénaires d'épreuves inutiles, ces moments ne seraient-ils pas le prolongement et l'aggravation de ce malaise initial sans lequel l'histoire n'eût pas été possible, ni même concevable, puisque, tout comme elle, il est fait d'intolérance à la moindre forme de béatitude stationnaire ? Cette intolérance, cette horreur même, en nous empêchant de trouver en nous notre raison d'exister, nous a fait faire un bond hors de notre identité et comme hors de notre nature. Disjoints de nous-mêmes, il nous restait de l'être de Dieu : une telle ambition, conçue déjà dans l'innocence de jadis, comment ne pas la nourrir maintenant que nous n'avons plus aucune obligation envers lui ? Et de fait, tous nos efforts et toutes nos connaissances tendent à l'amoindrir, le mettent en question, entament son intégrité. Le désir de connaître, empreint de perversité et de corruption, plus il nous tient, plus il nous rend incapables de demeurer *à l'intérieur* de quelque réalité que ce soit. Qui en est possédé agit en profanateur, en traître, en agent de dissolution ; toujours à côté ou en dehors des choses, quand il lui arrive cependant de s'y insinuer, c'est à la manière du ver dans le fruit. Si l'homme avait eu la moindre vocation pour l'éternité, au lieu de courir vers l'inconnu, vers le nouveau, vers les ravages qu'entraîne l'appétit d'analyse, il se fût contenté de Dieu, dans la familiarité duquel il prospérait. Il aspira à s'en émanciper, à s'en arracher, et y a réussi au-delà de ses espérances. Après avoir brisé l'unité du paradis, il s'employa à briser celle de la terre en y introduisant un principe de morcellement qui devait en détruire l'ordonnance et l'anonymat. Auparavant il mourait sans doute, mais la mort, accomplissement dans l'indistinction primitive, n'avait pas pour lui le sens qu'elle a acquis depuis, ni n'était chargée des attributs de l'irréparable. Dès que, séparé du Créateur et du créé, il devint *individu*, c'est-à-dire fracture et fissure de l'être, et que, assumant son nom jusqu'à la provocation, il sut qu'il était mortel, son orgueil s'en agrandit, non moins que son désarroi. Il mourait enfin à sa façon, il en était fier, mais il mourait tout à fait, ce qui l'humiliait. Ne voulant plus d'un dénouement qu'il avait âprement souhaité, il finit par se tourner, plein de regrets, vers les animaux, ses compagnons d'autrefois : les plus vils comme les plus nobles, tous acceptent leur sort, s'y complaisent ou s'y résignent ; aucun d'eux n'a suivi son exemple, ni imité sa rébellion. Les plantes, mieux que les bêtes, jubilent d'être créées : l'ortie même respire encore en Dieu et s'y prélasse ; lui seul y étouffe, et n'est-ce point cette sensation de suffocation qui l'incita à se singulariser dans la création, à y faire figure de proscrit consentant, de réprouvé volontaire ? Le reste des êtres vivants, du fait même qu'ils se confondent avec leur condition, ont une certaine supériorité sur lui. Et c'est quand il les jalouse, quand il languit après leur gloire impersonnelle, qu'il comprend la gravité de son cas. La vie, qu'il a fuie par curiosité de la mort, en vain tentera-t-il de la rattraper : jamais de plain-pied avec elle, il sera toujours en deçà ou au-delà. Plus elle se dérobe, plus il aspire à s'en saisir et à la subjuguer ; n'y parvenant pas, il mobilise toutes les ressources de sa volonté inquiète et torturée, son unique appui : un inadapté exténué et cependant infatigable, sans racines, conquérant parce que précisément déraciné, un nomade ensemble foudroyé et indompté, avide de remédier à ses insuffisances, et, devant l'échec, violentant tout autour de lui, un dévastateur accumulant méfait sur méfait par rage de voir qu'un insecte obtient sans peine ce que lui, par tant d'efforts, ne saurait acquérir. Ayant perdu le secret de la vie et emprunté un trop grand détour pour pouvoir le retrouver et réapprendre, il s'éloigne chaque jour un peu plus de son ancienne innocence, il déchoit sans arrêt de l'éternité. Peut-être pourrait-il encore se sauver s'il daignait rivaliser avec Dieu seulement en subtilité, en nuances, en discernement ; mais non, il prétend au même degré de puissance. Tant de superbe ne pouvait naître que dans l'esprit d'un dégénéré, muni d'une charge d'existence limitée, contraint, en raison de ses déficiences, d'augmenter artificiellement ses moyens d'action et de suppléer à ses instincts compromis par des instruments propres à le rendre redoutable. Et s'il est devenu effectivement redoutable, c'est parce que sa capacité de dégénérer ne connaît pas de limites. Alors qu'il eût dû s'en tenir au silex et, en fait de raffinements techniques, à la brouette, avec une dextérité de démon il invente et manie des outils qui proclament l'étrange suprématie d'un déficient, d'un spécimen biologiquement déclassé dont personne n'eût pu deviner qu'il s'élèverait à une nocivité aussi ingénieuse. Ce n'est pas lui, c'est le lion ou le tigre qui aurait dû occuper la place qu'il détient dans l'échelle des créatures. Mais ce ne sont jamais les forts, ce sont les faibles qui visent au pouvoir et y atteignent, par l'effet combiné de la ruse et du délire. N'éprouvant nul besoin d'ajouter à sa force, qui est réelle, un fauve ne s'abaisse pas à l'outil. Parce qu'en tout l'homme était un animal *anormal*, peu doué pour subsister et s'affirmer, violent par défaillance et non par vigueur, intraitable à partir d'une position de faiblesse, agressif à cause de son inadaptation même, il lui revenait de chercher les moyens d'une réussite qu'il n'eût pu réaliser ni même imaginer si sa complexion eût répondu aux impératifs de la lutte pour l'existence. S'il exagère en tout, si l'hyperbole est chez lui nécessité vitale, c'est que, désaxé et débridé au départ, il ne peut se fixer à ce qui *est*, ni constater ou subir le réel sans vouloir le transformer et l'outrer. Dépourvu de tact, de cette science *innée* de la vie, inhabile de plus à discerner l'absolu dans l'immédiat, il apparaît, dans l'ensemble de la nature, comme un épisode, une digression, une hérésie, comme un trouble-fête, un extravagant, un fourvoyé qui a tout compliqué, même sa peur, devenue chez lui, en s'aggravant, peur de lui-même, effroi devant son sort de crevé séduit par l'énorme, en butte à une fatalité qui intimiderait un dieu. Le tragique étant son privilège, il ne peut pas ne pas sentir qu'il a plus de *destin* que son Créateur ; d'où son orgueil, et sa frayeur, et ce besoin de se fuir et de produire pour escamoter sa panique, pour éviter la rencontre avec soi. Il préfère s'abandonner aux actes, mais, en s'y livrant, il ne fait en réalité qu'obéir aux injonctions d'une peur qui le soulève et le fouette, et qui le paralyserait s'il essayait de réfléchir sur elle et d'en prendre une conscience nette. Quand, apaisé, il semble s'acheminer vers l'inerte, c'est elle qui remonte à sa surface et détruit son équilibre. Le malaise même qu'il éprouvait au milieu du paradis n'était peut-être qu'une peur *virtuelle*, début, ébauche d' « âme ». Nul moyen de vivre à la fois dans l'innocence et la peur, surtout quand cette dernière est soif de tourments, ouverture vers le funeste, convoitise d'inconnu. Nous cultivons le frisson en soi, nous escomptons le nuisible, le péril pur, à la différence des animaux qui *aiment* à trembler seulement devant un danger précis, unique moment du reste où, glissant vers l'humain et s'y laissant choir, ils nous ressemblent ; car la peur — sorte de courant psychique qui traverserait soudain la matière autant pour la vivifier que pour la désorganiser — apparaît comme une préfiguration, comme une possibilité de conscience, voire comme la conscience des êtres qui en manquent... A tel point elle nous définit que nous ne pouvons plus en remarquer la présence, si ce n'est quand elle se relâche ou se retire, dans ces intervalles sereins qu'elle imprègne néanmoins et qui réduisent le bonheur à une douce, à une agréable anxiété. Auxiliaire de l'avenir, elle nous stimule et, en nous empêchant de vivre à l'unisson avec nous-mêmes, elle nous oblige à nous affirmer *par la fuite*. Telle qu'elle est, nul ne saurait s'en passer s'il veut agir ; le délivré seul s'en affranchit et fête un double triomphe : sur elle et sur soi ; c'est qu'il a abdiqué sa qualité et sa tâche d'homme, et ne participe plus à cette durée gonflée de terreur, à ce galop à travers les siècles que nous a imposé une forme d'effroi dont nous sommes, en définitive, l'objet et la cause.

Si Dieu a pu avancer qu'il était « celui qui est », l'homme, tout à l'opposé, pourrait se définir « celui qui n'est pas ». Et c'est justement ce manque, ce déficit d'existence qui, réveillant par réaction sa morgue, l'incite au défi ou à la férocité. Ayant déserté ses origines, troqué l'éternité contre le devenir, maltraité la vie en y projetant sa jeune démence, il émerge de l'anonymat par une succession de reniements qui en font le grand *transfuge de l'être*. Exemple d'antinature, son isolement n'a d'égal que sa précarité. L'inorganique se suffit à lui-même ; l'organique est dépendant, menacé, instable ; le conscient est quintessence de caducité. Jadis, nous jouissions de tout, sauf de la conscience ; maintenant que nous la possédons, que nous en sommes harcelés et qu'elle se dessine à nos yeux comme l'antipode exact de l'innocence primordiale, nous n'arrivons ni à l'assumer ni à l'abjurer. Trouver n'importe où plus de réalité qu'en soi, c'est reconnaître qu'on a fait fausse route et qu'on mérite sa déchéance.

Dilettante malgré tout au paradis, l'homme a cessé de l'être dès qu'il en fut chassé : n'a-t-il pas procédé aussitôt à la conquête de la terre avec un sérieux et une application dont on ne l'aurait pas cru capable ? Cependant il porte en lui et sur lui quelque chose d'irréel, de non terrestre, qui se dévoile dans les pauses de sa fébrilité. A force de vague et d'équivoque, il est d'ici, et il n'est pas d'ici. Quand on l'observe pendant ses absences, dans ces moments où sa course se ralentit ou se suspend, ne perçoit-on pas dans son regard l'exaspération ou le remords d'avoir gâché non seulement sa première patrie, mais encore cet exil dont il fut si impatient, si avide ? Une ombre aux prises avec des simulacres, un somnambule qui *se voit* marcher, qui contemple ses mouvements sans en discerner la direction ni la raison. La forme de savoir pour laquelle il a opté est un attentat, un péché si l'on veut, une indiscrétion criminelle à l'égard de la création, qu'il a réduite à un amas d'objets devant lesquels il se dresse, il se hausse en destructeur, dignité qu'il soutient par bravade plutôt que par courage, à preuve cet air décontenancé qu'il eut déjà lors de l'affaire du fruit ; du coup, il se sentit seul au milieu de l'Éden, et il allait se sentir plus seul encore au milieu de la terre où, du fait de la malédiction spéciale qui l'affecte, il devait constituer « un empire dans un empire ». Clairvoyant, et insensé, il n'a pas son pareil : vraie entorse aux lois de la nature, rien ne permettait d'en prévoir l'apparition. Etait-il *nécessaire*, lui qui, au moral, est plus difforme que ne l'étaient, au physique, les dinosauriens ? A le considérer, à se pencher sur lui sans complaisance, on saisit pourquoi on n'en fait pas impunément un sujet de réflexion. L'appesantissement d'un monstre sur un autre monstre rend doublement monstrueux : *oublier* l'homme, et jusqu'à l'idée qu'il incarne, devrait former le préambule de toute thérapeutique. Le salut vient de l'être, non des êtres, car nul ne guérit au contact de leurs maux.

Si l'humanité s'attacha pendant si longtemps à l'absolu, c'était parce qu'elle ne pouvait trouver en elle-même un principe de santé. La transcendance possède des vertus curatives : sous quelque déguisement qu'il se présente, un dieu signifie un pas vers la guérison. Même le diable représente pour nous un recours plus efficace que nos semblables. Nous étions plus *sains* quand, implorant ou exécrant une force qui nous dépassait, nous pouvions user sans ironie de la prière et du blasphème. Dès que nous fûmes condamnés à nous-mêmes, notre déséquilibre s'accentua. Se libérer de l'obsession de soi, point d'impératif plus urgent. Mais un infirme peut-il s'abstraire de son infirmité, du vice même de son essence ? Promus au rang d'incurables, nous sommes matière endolorie, chair hurlante, os rongés de cris, et nos silences eux-mêmes ne sont que lamentations étranglées. Nous souffrons, à nous seuls, beaucoup plus que le reste des êtres, et notre tourment, empiétant sur le réel, s'y substitue et en tient lieu, de sorte que celui qui souffrirait absolument serait absolument conscient, donc tout à fait coupable à l'égard de l'immédiat et du réel, termes corrélatifs au même titre que souffrance et conscience.

Et c'est parce que nos maux dépassent en nombre et en virulence ceux de toutes les créatures réunies que les sages s'appliquent à nous enseigner l'impassibilité, à laquelle, pas plus que nous, ils n'arrivent à s'élever. Personne ne peut se vanter d'en avoir rencontré un seul qui fût parfait, alors que nous côtoyons toutes sortes d'extrêmes en bien et en mal : des exaltés, des écorchés, des prophètes, quelquefois des saints... Nés par un acte d'insubordination et de refus, nous étions mal préparés à l'indifférence. Vint ensuite le savoir pour nous y rendre tout à fait impropres. Le principal grief à retenir contre lui est qu'il ne nous a pas aidés à vivre. Mais était-ce bien là sa fonction ? Ne nous sommes-nous pas tournés vers lui pour qu'il nous confirme dans nos desseins pernicieux, pour qu'il favorise nos rêves de puissance et de négation ? L'animal le plus immonde *vit*, en un certain sens, mieux que nous. Sans aller chercher dans les égouts des recettes de sagesse, comment ne pas reconnaître les avantages qu'a sur nous un rat, justement parce qu'il est rat et rien d'autre ? Toujours différents, nous ne sommes nous-mêmes que dans la mesure où nous nous écartons de notre définition, l'homme, selon le mot de Nietzsche, étant *das noch nicht festgestellte Tier*, l'animal dont le type n'est pas encore déterminé, fixé. Obnubilés par la métamorphose, par le possible, par la grimace imminente de nous-mêmes, nous accumulons de l'irréel et nous nous dilatons dans le faux, car dès qu'on se sait et qu'on se sent homme, on vise au gigantisme, on veut paraître plus grand que nature. L'animal raisonnable est le seul animal égaré, le seul qui, au lieu de persister dans sa condition première, s'employa à s'en forger une autre, au mépris de ses intérêts et comme par impiété à l'égard de sa propre image. Moins inquiet que mécontent (l'inquiétude exige une issue, débouche sur la résignation), il se complaît dans une insatisfaction qui frise le vertige. Ne s'assimilant jamais entièrement à lui-même ni au monde, c'est dans cette partie de soi qui répugne à s'identifier avec ce qu'il éprouve ou entreprend, c'est dans cette zone d'absence, dans ce hiatus entre lui et lui-même, entre lui-même et l'univers, que se dévoile son originalité et s'exerce sa faculté de non-coïncidence qui le maintient dans un état d'*insincérité* non seulement envers les êtres, ce qui est légitime, mais encore et surtout envers les choses, ce qui l'est moins. Double à la racine, crispé et tendu, sa duplicité, comme sa crispation et sa tension, dérivent encore de son manque d'existence, de sa déficience en substance qui le condamne aux excès du vouloir. Plus on *est*, moins on *veut*. Nous précipitent vers l'acte le non-être en nous, notre débilité et notre inadaptation. Et l'homme, le débile et l'inadapté par excellence, c'est sa prérogative et son malheur de s'astreindre à des tâches incommensurables avec ses forces, de tomber en proie à la volonté, stigmate de son imperfection, moyen certain de s'affirmer et de s'effondrer...

Au lieu de s'évertuer à se retrouver, à se rencontrer avec soi, avec son fonds intemporel, il a tourné ses facultés vers l'extérieur, vers l'histoire. Les eût-il intériorisées, en eût-il modifié l'exercice et la direction, qu'il eût réussi à assurer son salut. Que n'a-t-il fourni un effort opposé à celui qu'exige l'adhésion au temps ! On dépense autant d'énergie pour se sauver que pour se perdre. En se perdant, il prouve que, prédisposé à l'échec, il avait ce qu'il fallait de force pour y échapper, à condition toutefois de se refuser aux manœuvres du devenir. Mais dès qu'il en connut la séduction, il s'y abandonna, il en fut grisé : état de grâce à base d'ivresse, que seul dispense le consentement à l'irréalité. Tout ce qu'il a entrepris depuis participe de l'accoutumance à l'insubstantiel, de l'illusion acquise, de l'habitude d'envisager comme existant ce qui ne l'est pas. Spécialisé dans les apparences, exercé aux riens (sur quoi et par quoi d'autre pourrait-il satisfaire sa soif de domination ?), il amasse des connaissances qui en sont le reflet, mais de vraie connaissance il n'en a point : sa fausse science, réplique de sa fausse innocence, le détournant de l'absolu, tout ce qu'il sait ne mérite pas d'être su. L'antinomie est complète entre penser et méditer, entre sauter d'un problème à l'autre et entre creuser un seul et même problème. Par la méditation on ne perçoit l'inanité du divers et de l'accidentel, du passé et de l'avenir, que pour mieux s'engouffrer dans l'instant sans bornes. Il est mille fois préférable de faire vœu de folie ou de se détruire en Dieu que de prospérer à la faveur de simulacres. Une prière inarticulée, répétée intérieurement jusqu'à l'hébétude ou l'orgasme, pèse plus lourd qu'une idée, que toutes les idées. Prospecter n'importe quel monde, sauf celui-ci, s'abîmer dans un hymne silencieux à la vacuité, se lancer dans l'apprentissage de *l'ailleurs*...

Connaître véritablement, c'est connaître *l'essentiel*, s'y engager, y pénétrer par le regard et non par l'analyse ni par la parole. Cet animal bavard, tapageur, tonitruant, qui exulte dans le vacarme (le *bruit* est la conséquence directe du péché originel), il faudrait qu'il fût réduit au mutisme, car jamais il n'approchera des sources inviolées de la vie s'il pactise encore avec les mots. Et tant qu'il ne sera pas affranchi d'un savoir métaphysiquement *superficiel*, il persévérera dans cette contrefaçon d'existence où il manque d'assises, de consistance, et où tout chez lui porte à faux. A mesure qu'il dilapide son être, il s'emploie à vouloir au-delà de ses ressources ; il veut avec désespoir, avec furie, et lorsqu'il aura épuisé le semblant de réalité qu'il possède, il voudra plus passionnément encore, jusqu'à l'anéantissement ou au ridicule. Inapte à vivre, il feint la vie ; c'est la raison pour laquelle, son culte de l'imminent approchant de l'extase, il tombe en défaillance devant ce qu'il ignore, recherche et redoute, devant l'instant qu'il attend, où il espère exister et où il existera aussi peu que dans l'instant d'avant. N'ont point d'avenir ceux qui vivent dans l'idolâtrie du lendemain. Ayant dépouillé le présent de sa dimension éternelle, il ne leur reste que la volonté, leur grand recours — et leur grand châtiment.

L'homme relève d'ordres incompatibles, contradictoires, et notre espèce, en ce qu'elle a d'unique, se place comme hors des règnes. Bien qu'extérieurement nous ayons tout de la bête et rien de la divinité, la théologie rend mieux compte de notre état que ne fait la zoologie. Dieu est une anomalie ; l'animal ne l'est pas ; or, comme Dieu, nous dérogeons au type, nous existons par nos irréductibilités. Plus nous sommes en marge des choses, plus nous comprenons celui qui est en marge de tout ; peut-être même ne comprenons-nous bien que lui seul... Son cas nous plaît et nous fascine, et son anomalie, qui est *suprême*, nous apparaît comme l'achèvement, comme l'expression idéale de la nôtre. Cependant nos relations avec lui sont troubles : ne pouvant l'aimer sans équivoque ni arrière-pensées, nous le questionnons, nous l'accablons de nos interrogations. Le savoir, dressé sur la ruine de la contemplation, nous a éloignés de l'union essentielle, du regard transcendant qui abolit l'étonnement et le problème.

En marge de Dieu, du monde et de soi, toujours en marge ! On est d'autant plus homme qu'on sent mieux ce paradoxe, qu'on y songe, et que l'on perçoit le caractère de non-évidence qui s'attache à notre destinée ; car il est *incroyable* que l'on puisse être homme..., que l'on dispose de mille faces et d'aucune, et qu'on change d'identité à chaque instant sans se départir pourtant de sa déchéance. Divisés d'avec le réel, divisés d'avec soi, comment pourrions-nous faire fond sur nous ou sur les autres ? Si les purs et les naïfs nous ressemblent si peu, s'ils ne relèvent pas de notre race, c'est que, faute de *s'épanouir*, de se laisser aller à eux-mêmes, ils sont restés à mi-chemin entre le paradis et l'histoire.

Œuvre d'un virtuose du fiasco, l'homme a été raté sans doute, mais raté magistralement. Il est extraordinaire jusque dans sa médiocrité, prestigieux lors même qu'on l'abomine. A mesure que l'on réfléchit sur lui, on conçoit néanmoins que le Créateur se soit « affligé dans son cœur » de l'avoir créé. Partageons sa déception sans renchérir sur elle, sans tomber dans le dégoût, sentiment qui nous révèle seulement les dehors de la créature, et non ce qu'il y a en elle de profond, de suprahistorique, de *positi-*

vement irréel et non terrestre, de réfractaire aux fictions de l'arbre de la connaissance du bien et du mal. Fictions, car dès que nous envisageons un acte comme bon ou mauvais, il ne fait plus partie de notre substance, mais de cet être surajouté que nous a octroyé le savoir, cause de notre glissement hors de l'immédiat, hors du vécu. Qualifier, *nommer* les actes, c'est céder à la manie d'exprimer des opinions ; or, comme l'a dit un sage, les opinions sont des « tumeurs » qui détruisent l'intégrité de notre nature et la nature elle-même. Si nous pouvions nous abstenir d'en émettre, nous entrerions dans la vraie innocence et, brûlant les étapes *en arrière*, par une régression salutaire nous renaîtrions sous l'arbre de vie. Empêtrés dans nos évaluations, et plus disposés à nous passer d'eau et de pain que du bien et du mal, comment recouvrer nos origines, comment avoir encore des liens directs avec l'être ? Nous avons péché contre lui, et l'histoire, résultat de notre égarement, nous n'en comprenons le sens que si nous la considérons comme une longue expiation, un repentir haletant, une course où nous excellons *sans croire à nos pas*. Plus rapides que le temps, nous le dépassons, tout en imitant son imposture et ses façons. De même, en compétition avec Dieu, nous singeons ses côtés douteux, son côté démiurge, cette partie de lui qui l'entraîna à créer, à concevoir une œuvre qui devait l'appauvrir, le diminuer, le précipiter dans une *chute*, préfiguration de la nôtre. L'entreprise amorcée, il nous laissa le soin de la parachever, puis rentra en soi, dans son éternelle apathie, d'où il eût été préférable qu'il ne sortît jamais. Puisqu'il en jugea différemment, qu'attendre de nous autres ? L'impossibilité de s'abstenir, la hantise du faire dénote, à tous les niveaux, la présence d'un principe démoniaque. Quand nous sommes portés à l'outrance, à la démesure, au *geste*, nous suivons plus ou moins consciemment celui qui, se ruant sur le non-être afin d'en extraire l'être et de nous le livrer en pâture, se fit l'instigateur de nos futures usurpations. Il doit exister en Lui une lumière funeste qui s'accorde avec nos ténèbres. Reflet dans le temps de cette clarté maudite, l'histoire manifeste et prolonge la dimension non divine de la divinité.

Apparentés à Dieu, il serait malséant de le traiter en étranger, sans compter que notre solitude, à une échelle plus modeste, évoque la sienne. Mais si modeste soit-elle, elle ne nous écrase pas moins, et quand elle s'abat sur nous comme une punition et qu'elle demande pour être endurée des capacités, des talents surnaturels — où nous réfugier, sinon auprès de celui qui, l'épisode de la création mis à part, fut toujours coupé de tout ? Le seul va vers le plus seul, vers *le* seul, vers celui dont les côtés négatifs restent, depuis l'aventure du savoir, notre unique partage. Il n'en eût pas été de même si nous avions incliné vers la Vie. Nous aurions connu alors une autre face de la divinité et peut-être, aujourd'hui, enveloppés d'une lumière pure, non entachée de ténèbres ni d'aucun élément diabolique, serions-nous aussi incurieux et aussi exempts de la mort que le sont les anges.

Pour n'avoir pas été dans nos commencements à la hauteur, nous courons, nous fuyons vers l'avenir. Notre avidité et notre frénésie ne viendraient-elles pas du remords d'être passé *à côté* de la vraie innocence, dont le souvenir ne peut pas ne pas nous harceler ? Malgré notre précipitation et la concurrence que nous faisons au temps, nous ne saurions étouffer les appels surgis des profondeurs de notre mémoire marquée par l'image du paradis, du véritable, qui n'est pas celui de l'arbre de science, mais de l'arbre de vie, dont le chemin, en représailles de la transgression d'Adam, allait être gardé par des chérubins à l' « épée tournoyante ». Lui seul vaut d'être reconquis, lui seul mérite l'effort de nos regrets. Et c'est toujours lui que mentionne l'Apocalypse (II, 7) pour le promettre aux « victorieux », à ceux dont la ferveur n'aura jamais vacillé. Ainsi ne figure-t-il qu'au premier et au dernier livre de la Bible, comme un symbole à la fois du début et de la fin des temps.

Si l'homme n'est pas près d'abdiquer ou de

reconsidérer son cas, c'est qu'il n'a pas encore tiré les dernières conséquences du savoir et du pouvoir. Convaincu que son moment viendra, qu'il lui appartient de rattraper Dieu et de le dépasser, il s'attache — en *envieux* — à l'idée d'évolution, comme si le fait d'*avancer* dût nécessairement le porter au plus haut degré de perfection. A vouloir être autre, il finira par n'être rien ; il n'est déjà plus rien. Sans doute évolue-t-il, mais *contre* lui-même, aux dépens de soi, vers une complexité qui le ruine. Devenir et progrès sont notions en apparence voisines, en fait divergentes. Tout change, c'est entendu, mais rarement, sinon jamais, pour le mieux. Infléchissement euphorique du malaise originel, de cette fausse innocence qui éveilla chez notre ancêtre le désir du nouveau, la foi à l'évolution, à l'identité du devenir et du progrès, ne s'écroulera que lorsque, parvenu à la limite, à l'extrémité de son égarement, l'homme, tourné enfin vers le savoir qui mène à la délivrance et non à la puissance, sera à même d'opposer irrévocablement un *non* à ses exploits et à son œuvre. Que s'il continue à s'y cramponner, point de doute qu'il n'entre alors dans une carrière de dieu risible ou d'animal démodé, solution commode autant que dégradante, ultime étape de son infidélité à lui-même. Quel que soit le choix vers lequel il s'oriente, et bien qu'il n'ait pas épuisé toutes les vertus de sa déchéance, il est néanmoins tombé si bas qu'on a du mal à comprendre pourquoi il ne prie pas sans cesse, jusqu'à l'extinction de sa voix et de sa raison.

Puisque tout ce qu'on a conçu et entrepris depuis Adam est ou suspect ou dangereux ou inutile, que faire ? Se désolidariser de l'espèce ? Ce serait oublier qu'on n'est jamais autant homme que lorsqu'on regrette de l'être. Et ce regret, une fois qu'il s'empare de vous, nul moyen de l'éluder : il devient aussi inévitable et aussi pesant que l'air... Certes, la plupart respirent sans s'en rendre compte, sans y réfléchir ; qu'un jour le souffle leur manque, ils verront comment l'air, converti soudain en problème, les hantera à chaque instant. Malheur à ceux qui *savent* qu'ils respirent, malheur encore plus à ceux qui savent qu'ils sont hommes. Hors d'état de penser à autre chose, ils y songeront toute leur vie en obsédés, en oppressés. Mais ils méritent leur tourment, pour avoir cherché, friands d'insoluble, un sujet torturant, un sujet sans fin. L'*homme* ne leur donnera pas un moment de répit, l'homme a du chemin encore à parcourir... Et comme il avance en vertu de l'illusion acquise, pour s'arrêter il faudrait que l'illusion s'effritât et disparût ; mais elle est indestructible tant qu'il demeure complice du temps.

Portrait du civilisé

L'acharnement à bannir du paysage humain l'irrégulier, l'imprévu et le difforme frise l'inconvenance. Que dans certaines tribus on se plaise encore à dévorer des vieillards trop encombrants, nous pouvons sans doute le déplorer ; quant à traquer des sybarites aussi pittoresques, nous n'y consentirons jamais, sans compter que le cannibalisme représente un modèle d'économie fermée, en même temps qu'un usage propre à séduire un jour une planète comble. Mon propos n'est pas toutefois de m'apitoyer sur le sort des anthropophages, bien qu'on les pourchasse sans merci, qu'ils vivent dans la terreur et qu'ils soient aujourd'hui les grands perdants. Convenons-en : leur cas n'est pas nécessairement excellent. Ils se font du reste de plus en plus rares : une minorité aux abois, dépourvue de confiance en elle-même, incapable de plaider sa cause. Toute différente nous apparaît la situation des analphabètes, masse considérable, attachée à ses traditions et à ses privilèges, contre laquelle on sévit avec une virulence que rien ne justifie. Car enfin est-ce un mal que de ne savoir lire ni écrire ? En toute franchise, je ne puis le penser. Je vais même plus loin, je pose en fait que lorsque le dernier illettré aura disparu, nous pourrons prendre le deuil de l'homme.

L'intérêt que le civilisé porte aux peuples dits arriérés est des plus suspects. Inapte à se supporter davantage, il s'emploie à se décharger sur eux du surplus des maux qui l'accablent, il les engage à goûter à ses misères, il les conjure d'affronter un destin qu'il ne peut plus braver seul. A force de considérer la chance qu'ils ont de n'avoir pas « évolué », il éprouve à leur égard les ressentiments d'un risque-tout, déconfit et désaxé. De quel droit restent-ils à l'écart, en dehors du processus de dégradation qu'il endure, lui, depuis si longtemps et auquel il ne parvient pas à se soustraire ? La civilisation, son œuvre, sa folie, lui apparaît comme un châtiment qu'il s'est infligé et qu'il voudrait à son tour faire subir à ceux qui y ont échappé jusqu'ici. « Venez en partager les calamités, soyez solidaires de mon enfer », tel est le sens de sa sollicitude pour eux, tel est le fond de son indiscrétion et de son zèle. Excédé par ses tares et, plus encore, par ses « lumières », il n'a de cesse qu'il ne les impose à ceux qui en sont heureusement exempts. Il procédait déjà ainsi même à une époque où, point encore « éclairé » ni las de soi, il se livrait à sa cupidité, à sa soif d'aventures et d'infamies. Les Espagnols, au sommet de leur carrière, durent sans doute se sentir oppressés tant par les exigences de leur foi que par les rigueurs de l'Église. Ils s'en vengèrent par la Conquête.

Travaillez-vous à la conversion d'un autre ? Ce ne sera jamais pour opérer en lui le salut, mais pour l'obliger à pâtir *comme vous*, pour qu'il s'expose aux mêmes épreuves et les traverse avec la même impatience. Vous veillez, vous priez, vous vous tourmentez ? Que l'autre justement en fasse autant, qu'il soupire, qu'il hurle, qu'il se débatte au milieu des mêmes tortures que vous. L'intolérance est le fait d'esprits ravagés dont la foi se ramène à un supplice plus ou moins voulu qu'ils aimeraient voir généralisé, institué. Le bonheur d'autrui n'ayant jamais été un mobile ni un principe d'action, on ne l'invoque que pour se donner bonne conscience ou se couvrir de nobles prétextes : à quelque acte que l'on se détermine, l'impulsion qui y conduit et en précipite l'exécution est presque toujours inavouable. Personne ne sauve personne ; car on ne sauve que soi, et on y arrive d'autant mieux qu'on déguise en convictions le malheur qu'on veut distribuer et prodiguer. Si prestigieuses qu'en soient les apparences, le prosélytisme n'en dérive pas moins d'une générosité douteuse, pire dans ses effets qu'une agressivité patente. Nul n'est disposé à supporter seul la discipline qu'il a pourtant assumée ni le joug auquel il a consenti. La vindicte perce sous l'allégresse du missionnaire et de l'apôtre. Ce n'est point pour libérer, c'est pour enchaîner qu'on s'applique à convertir.

Dès que quelqu'un se laisse prendre à une certitude, il jalouse vos opinions flottantes, votre résistance aux dogmes ou aux slogans, votre bienheureuse incapacité de vous y inféoder. Rougissant en secret d'appartenir à une secte ou à un parti, honteux de posséder une vérité et de s'y être asservi, il n'en voudra pas à ses ennemis déclarés, à ceux qui en détiennent une autre, mais à vous, à l'Indifférent, coupable de n'en poursuivre aucune. Pour fuir l'esclavage où il est tombé, cherchez-vous refuge dans le caprice ou l'approximation ? Il mettra tout en œuvre pour vous en empêcher, pour vous contraindre à une servitude analogue et, si possible, identique à la sienne. Le phénomène est si universel qu'il dépasse le secteur des certitudes pour englober celui de la renommée. Les Lettres, comme de raison, en fourniront la pénible illustration. Quel écrivain jouissant d'une certaine notoriété ne finit pas par en souffrir, par éprouver le malaise d'être connu ou compris, d'avoir un public, si restreint soit-il ? Envieux de ses amis qui se prélassent dans le confort de l'obscurité, il s'efforcera de les en tirer, de troubler leur paisible orgueil, afin qu'eux aussi essuient les mortifications et les anxiétés du succès. Pour y parvenir, n'importe quelle manœuvre lui paraîtra légitime. Dès lors, leur vie deviendra un cauchemar. Il les harcèle, il les presse de produire et de s'exhiber, il contrarie leur aspiration à une gloire clandestine, rêve suprême des délicats et des abouliques. Écrivez, publiez, leur répète-t-il avec rage, avec impudeur. Les malheureux s'exécutent, sans se douter de ce qui les attend. Lui seul le sait. Il les guette, il vante leurs divagations timides avec violence et démesure, avec une chaleur de forcené, et, pour les précipiter dans l'abîme de l'actualité, il leur trouve ou leur invente des fervents et des disciples, il les fait suivre par une tourbe de lecteurs, d'assassins omniprésents et invisibles. Le forfait perpétré, il se calme et s'éclipse, comblé par le spectacle de ses protégés en proie aux mêmes tourments et aux mêmes hontes que lui, hontes et tourments que résume bien la formule de je ne sais plus quel écrivain russe : « On pourrait perdre la raison, à la seule pensée qu'on est lu. »

Tout comme l'auteur frappé et contaminé par la célébrité s'évertue à l'étendre à ceux qui n'en sont pas encore atteints, ainsi le civilisé, victime d'une conscience exacerbée, s'escrime à en communiquer les affres aux peuples réfractaires à ses écartèlements. Cette division d'avec soi qui le harasse et le mine, comment accepter qu'ils s'y refusent, qu'ils en soient incurieux et qu'ils la rejettent ? Ne négligeant aucun artifice à sa disposition pour les faire fléchir, pour les amener à lui ressembler et à parcourir le même calvaire que le sien, il les appâtera par sa civilisation, dont les prestiges, finissant par les éblouir, les empêcheront de démêler ce qu'elle pourrait avoir de bon de ce qu'elle a de mauvais. Et ils en imiteront les côtés nocifs seulement, tout ce qui fait d'elle un fléau concerté et méthodique. Etaient-ils jusque-là inoffensifs et débonnaires ? ils voudront désormais être forts et menaçants, à la grande satisfaction de leur bienfaiteur, conscient qu'en fait ils seront, à son exemple, forts et menacés. Il s'intéressera donc à eux et les « assistera ». Quel soulagement de les contempler tandis qu'ils s'embrouillent dans les mêmes problèmes que lui et qu'ils s'ébranlent vers la même fatalité ! En faire des compliqués, des obsédés, des détraqués, c'est tout ce qu'il souhaitait. Leur jeune ferveur pour l'outil et le luxe, pour les mensonges de la technique, le rassure et le remplit d'aise : des condamnés de plus, des compagnons d'infortune inespérés, capables de l'assister à leur tour, de prendre sur eux une partie du fardeau qui l'écrase ou, tout au moins, d'en porter un aussi lourd que le sien. C'est ce qu'il appelle « promotion », mot bien choisi pour camoufler et sa perfidie et ses plaies.

Des restes d'humanité, on n'en trouve encore que chez les peuples qui, distancés par l'histoire, ne mettent aucune hâte à la rattraper. A l'arrière-garde des nations, nullement effleurés par la tentation du projet, ils cultivent leurs vertus démodées, ils se font un devoir de dater. « Rétrogrades », ils le sont assurément, et persévéreraient volontiers dans leur stagnation, s'ils avaient les moyens de s'y maintenir. Mais on ne le leur permet pas. Le complot que les autres, les « avancés », trament contre eux, est trop habilement mené pour qu'ils parviennent à le déjouer. Une fois déclenché le processus d'abaissement, par rage de n'avoir pu s'y opposer, ils s'emploieront, avec le sans-gêne des néophytes, à en accélérer le cours, à en épouser et outrer l'horreur, selon la loi qui fait toujours prévaloir un mal nouveau sur un bien ancien. Et ils voudront se mettre à la page, ne fût-ce que pour montrer aux autres qu'eux aussi s'entendent à déchoir, qu'ils peuvent même, en matière de déchéance, les surpasser. A quoi bon s'en étonner ou s'en plaindre ? Ne voit-on pas partout les simulacres l'emporter sur l'essence, la trépidation sur le repos ? Et ne dirait-on pas qu'on assiste à l'agonie de l'indestructible ? Tout pas en avant, toute forme de dynamisme comporte quelque chose de satanique : le « progrès » est l'équivalent moderne de la Chute, la version profane de la damnation. Et ceux qui y croient et en sont les promoteurs, nous tous en définitive, que sommes-nous sinon des réprouvés en marche, prédestinés à l'immonde, à ces machines, à ces villes, dont seul un désastre exhaustif pourrait nous débarrasser. Ce serait là pour nos inventions l'occasion ou jamais de prouver leur utilité et de se réhabiliter à nos yeux.

Si le « progrès » est un si grand mal, comment se fait-il que nous n'entreprenions rien pour nous en défaire sans plus tarder ? Mais voulons-nous le bien ? N'est-ce pas plutôt notre lot de ne pas le vouloir réellement ? Dans notre perversité, c'est le « mieux » que nous voulons et poursuivons : poursuite néfaste, en tout point contraire à notre bonheur. On ne se « perfectionne » ni on n'avance impunément. Le mouvement, nous savons qu'il est une hérésie ; et c'est précisément pour cela qu'il nous tente, que nous nous y jetons et que, dépravés irrémédiablement, nous le préférons à l'orthodoxie de la quiétude. Nous étions faits pour végéter, pour nous épanouir dans l'inertie, et non pour nous perdre par la vitesse, et par l'hygiène, responsable du foisonnement de ces êtres désincarnés et aseptiques, de cette fourmilière de fantômes où tout frétille et rien ne vit. Une certaine dose de saleté étant indispensable à l'organisme (physiologie et crasse sont termes interchangeables), la perspective d'une propreté à l'échelle du globe inspire une appréhension légitime. Nous aurions dû, pouilleux et sereins, nous en tenir à la compagnie des bêtes, croupir à leurs côtés pendant des millénaires encore, respirer l'odeur des étables plutôt que celle des laboratoires, mourir de nos maladies et non de nos remèdes, tourner autour de notre vide et nous y enfoncer doucement. L'*absence*, qui eût dû être un devoir et une hantise, nous y avons substitué l'événement ; or tout événement nous entame et nous ronge, puisqu'il ne surgit qu'aux dépens de notre équilibre et de notre durée. Plus notre avenir se rétrécit, plus nous nous laissons choir dans ce qui nous ruine. La civilisation, notre drogue, nous en sommes tellement intoxiqués que notre attachement pour elle présente les caractères d'un phénomène d'accoutumance, mélange d'extase et d'exécration. Telle qu'elle est, elle nous achèvera, nul doute là-dessus ; quant à y renoncer et à nous en affranchir, nous ne le pouvons, aujourd'hui moins que jamais. Qui volerait à notre secours pour nous en délivrer ? Un Antisthène, un Épicure, un Chrysippe, qui trouvaient trop compliquées les mœurs antiques, que penseraient-ils des nôtres, et lequel d'entre eux, transplanté dans nos métropoles, aurait assez de trempe pour y conserver sa sérénité ? A tous égards plus sains et plus équilibrés que nous, les anciens eussent pu se passer d'une sagesse ; ils en élaborèrent une néanmoins ; ce qui nous disqualifie à jamais c'est que nous n'en avons ni le souci ni la capacité. N'est-ce point significatif que le premier parmi les modernes à avoir, par idolâtrie de la nature, dénoncé avec vigueur les méfaits du civilisé, ait été le contraire d'un sage ? Nous devons le diagnostic de notre mal à un insensé, plus marqué, plus atteint que nous tous, à un maniaque avéré, précurseur et modèle de nos délires. Non moins significatif nous apparaît l'avènement plus récent de la psychanalyse, thérapeutique sadique, attachée à irriter nos maux plutôt qu'à les calmer, et singulièrement experte dans l'art de substituer à nos malaises naïfs des malaises alambiqués.

Tout besoin, en nous dirigeant vers la surface de la vie pour nous en dérober les profondeurs, confère du prix à ce qui n'en a pas, à ce qui ne saurait en avoir. La civilisation, avec tout son appareil, se fonde sur notre propension à l'irréel et à l'inutile. Consentirions-nous à réduire nos besoins, à ne satisfaire que les nécessaires, elle s'écroulerait sur l'heure. Aussi, pour durer, s'astreint-elle à nous en créer toujours de nouveaux, à les multiplier sans trêve, car la pratique généralisée de l'ataraxie entraînerait pour elle des conséquences bien plus graves qu'une guerre de destruction totale. En ajoutant aux inconvénients fatals de la nature des inconvénients gratuits, elle nous contraint à souffrir doublement, elle diversifie nos tourments et renforce nos infirmités. Qu'on ne vienne pas nous ressasser qu'elle nous a guéris de la peur. En fait, la corrélation est évidente entre la multiplication de nos besoins et l'accroissement de nos terreurs. Nos désirs, sources de nos besoins, suscitent en nous une inquiétude constante, autrement intolérable que le frisson éprouvé, dans l'état de nature, devant un danger fugitif. Nous ne tremblons plus par à-coups ; nous tremblons sans relâche. Qu'avons-nous gagné au changement de la peur en anxiété ? Et qui balancerait entre une panique instantanée, et une autre, diffuse et permanente ? La sécurité dont nous nous targuons dissimule une agitation ininterrompue qui envenime tous nos instants, ceux du présent et ceux du futur, et les rend, les uns non avenus, les autres inconcevables. Nos désirs, se confondant avec nos terreurs, heureux celui qui n'en ressent aucun ! A peine en éprouvons-nous un qu'il en engendre un autre, dans une suite aussi lamentable que malsaine. Appliquons-nous plutôt à subir le monde et à considérer chaque impression que nous en recevons comme une impression *imposée*, qui ne nous concerne pas, que nous supportons comme si elle n'était pas nôtre. « Rien ne m'appartient de ce qui m'arrive, rien n'est mien », dit le Moi lorsqu'il se persuade qu'il n'est pas d'ici, qu'il s'est trompé d'univers, et qu'il n'a le choix qu'entre l'impassibilité et l'imposture.

Préposé aux apparences, chaque désir, en nous faisant faire un pas hors de notre essence, nous cloue à un nouvel objet et limite notre horizon. Cependant, à mesure qu'il s'exaspère, il nous permet de discerner cette soif morbide dont il est l'émanation. Cesse-t-il d'être naturel, relève-t-il de notre condition de civilisés ? foncièrement impur, il perturbe et souille jusqu'à notre substance. Est vice tout ce qui s'ajoute à nos impératifs profonds, tout ce qui nous déforme et nous trouble sans nécessité. Le rire et le sourire même sont vices. Est vertu en revanche tout ce qui nous induit à vivre à contre-courant de notre civilisation, tout ce qui nous invite à en compromettre et saboter la marche. Pour ce qui est du bonheur, si ce mot a un sens, il consiste dans l'aspiration au minimum et à l'inefficace, dans *l'en-deçà* érigé en hypostase. Notre unique recours : renoncer non seulement au fruit des actes, mais aux actes mêmes, s'astreindre au non-rendement, laisser inexploitées une bonne partie de nos énergies et de nos chances. Coupables de vouloir nous réaliser au-delà de nos capacités ou de nos mérites, ratés *par excès*, inaptes au véritable accomplissement, nuls à force de tension, grands par épuisement, par la dilapidation de nos ressources, nous nous dépensons sans tenir compte de nos virtualités ni de nos limites. D'où notre lassitude, aggravée par les efforts mêmes que nous avons déployés pour nous accoutumer à la civilisation, à tout ce qu'elle implique de corruption tardive. Que la nature, elle aussi, soit corrompue, on ne saurait le nier ; mais cette corruption sans date est un mal immémorial et inévitable, dont nous nous accommodons d'office, alors que celui de la civilisation, issu de nos œuvres ou de nos caprices, d'autant plus accablant qu'il nous semble fortuit, porte la marque d'une option ou d'une fantaisie, d'une fatalité préméditée ou arbitraire ; à tort ou à raison, nous croyons qu'il aurait pu ne pas surgir, qu'il n'eût tenu qu'à nous pour qu'il ne se produisît point. Ce qui achève de nous le rendre encore plus odieux qu'il n'est. Nous sommes inconsolables d'avoir à l'endurer et à faire face aux misères subtiles qui en découlent, quand nous pouvions nous contenter de celles grossières, et, tout compte fait, supportables, dont la nature nous a largement pourvus.

Si nous étions en mesure de nous arracher aux désirs, nous nous arracherions du même coup au destin ; supérieurs aux êtres, aux choses, et à nous-mêmes, rétifs à nous amalgamer davantage au monde, par le sacrifice de notre identité nous accéderions à la liberté, inséparable d'un entraînement à l'anonymat et à l'abdication. « Je suis *personne*, j'ai vaincu mon nom ! » s'exclame celui qui, ne voulant plus s'abaisser à laisser de traces, essaie de se conformer à l'injonction d'Épicure : « Cache ta vie. » Ces anciens, nous revenons toujours à eux dès qu'il s'agit de l'art de vivre dont deux mille ans de sur-nature et de charité convulsive nous ont fait perdre le secret. Nous revenons à eux, à leur pondération et à leur aménité, pour peu que tombe cette frénésie que nous a inculquée le christianisme ; la curiosité qu'ils éveillent en nous correspond à une diminution de notre fièvre, à un recul vers la santé. Et nous revenons encore à eux parce que l'intervalle qui les sépare de l'univers étant plus vaste que l'univers même, ils nous proposent une forme de détachement que nous chercherions vainement auprès des saints.

En faisant de nous des frénétiques, le christianisme nous préparait malgré lui à enfanter une civilisation dont il est maintenant la victime : n'a-t-il pas créé en nous trop de besoins, trop d'exigences ? Ces exigences, ces besoins, intérieurs au départ, allaient se dégrader et se tourner vers le dehors, comme la ferveur dont émanaient tant de prières suspendues brusquement, ne pouvant s'évanouir ni rester sans emploi, devait se mettre au service de dieux de rechange et forger des symboles à la mesure de leur nullité. Nous voilà livrés à des contrefaçons d'infini, à un absolu sans dimension métaphysique, plongés dans la vitesse, faute de l'être dans l'extase. Cette ferraille haletante, réplique de notre bougeotte, et ces spectres qui la manipulent, ce défilé d'automates, cette procession d'hallucinés ! Où vont-ils, que cherchent-ils ? quel souffle de démence les emporte ? Chaque fois que j'incline à les absoudre, que je conçois des doutes sur la légitimité de l'aversion ou de la terreur qu'ils m'inspirent, il me suffit de songer aux routes de campagne, le dimanche, pour que l'image de cette vermine motorisée m'affermisse dans mes dégoûts ou mes effrois. L'usage des jambes étant aboli, le marcheur, au milieu de ces paralytiques au volant, a l'air d'un excentrique ou d'un proscrit ; bientôt il fera figure de monstre. Plus de contact avec le sol : tout ce qui y plonge nous est devenu étranger et incompréhensible. Coupés de toute racine, inaptes en outre à frayer avec la poussière ou la boue, nous avons réussi l'exploit de rompre non seulement avec l'intimité des choses, mais avec leur surface même. La civilisation, à ce stade, apparaîtrait comme un pacte avec le diable, si l'homme avait encore une âme à vendre.

Est-ce vraiment pour « gagner du temps » que furent inventés ces engins ? Plus démuni, plus déshérité que le troglodyte, le civilisé n'a pas un instant à soi ; ses loisirs mêmes sont fiévreux et oppressants : un forçat en congé, succombant au cafard du farniente et au cauchemar des plages. Quand on a pratiqué des contrées où l'oisiveté était de rigueur, où tous y excellaient, on s'adapte mal à un monde où personne ne la connaît ni ne sait en jouir, où nul ne respire. L'être inféodé aux heures est-il encore un être humain ? Et a-t-il le droit de s'appeler *libre*, quand nous savons qu'il a secoué toutes les servitudes, sauf l'essentielle ? A la merci du temps qu'il nourrit, qu'il engraisse de sa substance, il s'exténue et s'anémie pour assurer la prospérité d'un parasite ou d'un tyran. Calculé malgré sa folie, il s'imagine que ses soucis et ses tribulations seraient moindres si, sous forme de « programme », il arrivait à les octroyer à des peuples « sous-développés », auxquels il reproche de n'être pas « dans le coup », c'est-à-dire dans le vertige. Pour mieux les y précipiter, il leur inoculera le poison de l'anxiété et ne les lâchera qu'il n'ait observé sur eux les mêmes symptômes d'affairement. Afin de réaliser son rêve d'une humanité hors d'haleine, éperdue et minutée, il parcourra les continents, toujours en quête de nouvelles victimes sur qui déverser le trop-plein de sa fébrilité et de ses ténèbres. A le contempler, on entrevoit la nature véritable de l'enfer : n'est-ce point le lieu où l'on est condamné au temps pour l'éternité ?

Nous avons beau soumettre l'univers et nous l'approprier, tant que nous n'aurons pas triomphé du temps, nous resterons des ilotes. Or cette victoire s'acquiert par le renoncement, vertu à quoi nos conquêtes nous rendent particulièrement impropres, de sorte que plus leur nombre s'accroît, plus notre sujétion s'accuse. La civilisation nous enseigne comment nous saisir des choses, alors que c'est à l'art de nous en dessaisir qu'elle devrait nous initier, car il n'y a de liberté ni de « vraie vie » sans l'apprentissage de la dépossession. Je m'empare d'un objet, je m'en estime le maître ; en fait j'en suis l'esclave, esclave je suis également de l'instrument que je fabrique et manie. Point de nouvelle acquisition qui ne signifie une chaîne de plus, ni de facteur de puissance qui ne soit cause de faiblesse. Il n'est pas jusqu'à nos dons qui ne contribuent à notre assujettissement ; l'esprit qui s'élève au-dessus des autres, est moins libre qu'eux : rivé à ses facultés et à ses ambitions, prisonnier de ses talents, il les cultive à ses dépens, il les fait valoir au prix de son salut. Nul ne s'affranchit s'il s'astreint à devenir quelqu'un ou quelque chose. Tout ce que nous possédons ou produisons, tout ce qui se superpose à notre être ou en procède nous dénature et nous étouffe. Et notre être lui-même, quelle erreur, quelle blessure de lui avoir adjoint l'existence, quand nous pouvions, inentamés, persévérer dans le virtuel et l'invulnérable ! Personne ne se remet du mal de naître, plaie capitale s'il en fut. C'est pourtant avec l'espoir de nous en guérir un jour que nous acceptons la vie et en supportons les épreuves. Les années passent, la plaie demeure.

Plus la civilisation se différencie et se complique, plus nous maudissons les liens qui nous y attachent. Au dire de Soloviev, elle approchera de sa fin (qui sera, selon le philosophe russe, la fin de toutes choses) au beau milieu du « siècle le plus raffiné ». Ce qui est certain, c'est qu'elle ne fut jamais aussi menacée ni aussi détestée qu'aux moments où elle paraissait le mieux établie, témoin les attaques qu'on porta, au plus fort des Lumières, contre ses mœurs et ses prestiges, contre toutes les conquêtes dont elle tirait orgueil. « On se fait dans les siècles polis une espèce de religion d'admirer ce qu'on admirait dans les siècles grossiers », note Voltaire, peu fait, reconnaissons-le, pour comprendre les raisons d'un si juste emballement. C'est, en tout cas, à l'époque des salons que le « retour à la nature » s'imposait, de même que l'ataraxie ne pouvait être conçue qu'en un temps où, las de divagations et de systèmes, les esprits préféraient les délices d'un jardin aux controverses de l'agora. L'appel à la sagesse provient toujours d'une civilisation excédée d'elle-même. Chose curieuse : il nous est malaisé de nous figurer le processus qui amena à la satiété ce monde antique qui, auprès du nôtre, nous apparaît, à tous ses moments, comme l'objet idéal de nos regrets. Au reste, comparée à l'innommable aujourd'hui, n'importe quelle autre époque nous semble bénie. A nous écarter de notre vraie destination, nous entrerons, si nous n'y sommes déjà, dans le siècle de la fin, dans ce siècle raffiné par excellence (*compliqué* eût été l'adjectif exact) qui sera nécessairement celui où sur tous les plans, nous nous trouverons à l'antipode de ce que nous aurions dû être.

Les maux inscrits dans notre condition l'emportent sur les biens ; même s'ils s'équilibraient, nos problèmes ne seraient pas résolus. Nous sommes là pour nous débattre avec la vie et la mort, et non pour les esquiver, ainsi que nous y invite la civilisation, entreprise de dissimulation, de maquillage de l'insoluble. Faute de contenir en elle-même aucun principe de durée, ses avantages, autant d'impasses, ne nous aident ni à mieux vivre ni à mieux mourir. Parviendrait-elle, secondée par l'inutile science, à balayer tous les fléaux ou, pour nous allécher, à nous décerner des planètes en guise de récompense, qu'elle ne réussirait qu'à accroître notre méfiance et notre exaspération. Plus elle se démène et se rengorge, plus nous jalousons les âges qui eurent le privilège d'ignorer les facilités et les merveilles dont elle ne cesse de nous gratifier. « Avec du pain d'orge et un peu d'eau, on peut être aussi heureux que Jupiter », aimait à répéter le sage qui nous intimait de cacher notre vie. Est-ce marotte de le citer toujours ? Mais à qui s'adresser, à qui demander conseil ? A nos contemporains ? à ces indiscrets, à ces inapaisés, coupables, en déifiant l'aveu, l'appétit et l'effort, d'avoir fait de nous des fantoches lyriques, insatiables et fourbus ? La seule excuse à leur furie, c'est qu'elle ne dérive pas d'un instinct frais ni d'un essor sincère, mais d'une panique devant un horizon bouché. Tant de nos philosophes qui se penchent, atterrés, sur l'avenir ne sont au fond que les interprètes d'une humanité qui, sentant les instants lui échapper, s'efforce de n'y pas songer — et y songe toujours. Leurs systèmes offrent en somme l'image et comme le déroulement discursif de cette hantise. De même, l'Histoire ne pouvait solliciter leur intérêt qu'à un moment où l'homme a toutes les raisons de douter qu'elle lui appartienne encore, qu'il continue d'en être l'agent. En fait tout se passe comme si, elle aussi lui échappant, il commençait une carrière non historique, brève et convulsée, qui reléguerait au rang de fadaises les calamités dont jusqu'ici il était si féru. Sa teneur en être s'amincit avec chaque pas qu'il fait en avant. Nous n'existons que par le recul, par la distance que nous prenons à l'égard des choses et de nous-mêmes. Se remuer c'est s'adonner au faux et au fictif, c'est pratiquer une discrimination abusive entre le possible et le funèbre. Au degré de mobilité que nous avons atteint, nous ne sommes plus maîtres de nos gestes ni de notre sort. Y préside très certainement une providence négative dont les desseins, à mesure que nous approchons de notre terme, se font de moins en moins impénétrables, puisqu'ils se dévoileraient sans peine au premier venu s'il daignait seulement s'arrêter et sortir de son rôle pour contempler, ne fût-ce qu'un instant, le spectacle de cette horde essoufflée et tragique dont il fait partie.

Tout bien considéré, le siècle de la fin ne sera pas le siècle le plus raffiné, ni même le plus compliqué, mais le plus pressé, celui où, l'être dissous en mouvement, la civilisation, dans un élan suprême vers le pire, s'effritera dans le tourbillon qu'elle aura suscité. Dès lors que rien ne peut l'empêcher de s'y engouffrer, renonçons à exercer nos vertus contre elle, sachons même démêler dans les excès où elle se complaît quelque chose d'exaltant, qui nous invite à modérer nos indignations et à reviser nos mépris. C'est ainsi que ces spectres, ces automates, ces hallucinés sont moins haïssables si l'on réfléchit aux mobiles inconscients, aux raisons profondes de leur frénésie : ne sentent-ils pas que le délai qui leur est accordé s'amenuise de jour en jour et que le dénouement prend figure ? et n'est-ce pas pour en écarter l'idée qu'ils s'engloutissent dans la vitesse ? S'ils étaient sûrs d'un *autre* avenir, ils n'auraient aucun motif de fuir ni de se fuir, ils ralentiraient leur cadence et s'installeraient sans crainte dans une expectative indéfinie. Mais il ne s'agit même pas pour eux de tel ou tel avenir, car d'avenir, ils en manquent tout simplement ; c'est là, surgie de l'affolement du sang, une certitude obscure, informulée, qu'ils redoutent d'envisager, qu'ils veulent oublier en se dépêchant, en allant de plus en plus vite, en refusant d'avoir le moindre instant à eux. Cependant l'inéluctable qu'elle recèle, ils le rejoignent par l'allure même qui, dans leur esprit, devrait les en éloigner. De tant de hâte, de tant d'impatience, les machines sont la conséquence et non la cause. Ce ne sont pas elles qui poussent le civilisé à sa perte ; il les a inventées plutôt parce qu'il y marchait déjà ; des moyens, des auxiliaires pour y atteindre plus rapidement et plus efficacement. Non content d'y courir, il voulait encore y *rouler*. En ce sens, et en ce sens seulement, on peut dire qu'elles lui permettent en effet de « gagner du temps ». Il les distribue, il les impose aux arriérés, aux retardataires pour qu'ils puissent le suivre, le devancer même dans la course au désastre, dans l'instauration d'un amok universel et mécanique. Et c'est afin d'en assurer l'avènement qu'il s'acharne à niveler, à uniformiser le paysage humain, à en effacer les irrégularités et à en bannir les surprises ; ce qu'il aimerait y faire régner, ce ne sont pas les anomalies, c'est l'*anomalie*, l'anomalie monotone et routinière, convertie en règle de conduite, en impératif. Ceux qui s'y dérobent, il les taxe d'obscurantisme ou d'extravagance, et il ne désarmera pas avant de les ramener dans le droit chemin, dans ses erreurs à lui. Les illettrés, en tout premier lieu, répugnent à y tomber ; il les y forcera donc, il les obligera à apprendre à lire et à écrire, afin que, pris au piège du savoir, aucun d'eux n'échappe davantage au malheur commun. Si grande est son obnubilation qu'il ne conçoit même pas que l'on puisse opter pour un autre genre d'égarements que le sien. Dénué du répit nécessaire à l'exercice de l'auto-ironie, à quoi devrait l'inciter un simple aperçu sur son destin, il se prive ainsi de tout recours contre lui-même. Il n'en devient que plus funeste aux autres. Ensemble agressif et pitoyable, il ne manque pas d'un certain pathétique : on comprend pourquoi, devant l'inextricable où il s'est enferré, on éprouve quelque gêne à le dénoncer et à l'attaquer, sans compter qu'il y a toujours du mauvais goût à médire d'un incurable, fût-il odieux. Mais si on se refusait au mauvais goût, pourrait-on encore porter le moindre jugement sur quoi que ce soit ?

Le sceptique et le barbare

Si l'on peut sans peine imaginer l'humanité entière en proie aux convulsions ou, tout au moins, à l'effarement, ce serait en revanche la tenir en trop haute estime que de croire qu'elle pût, dans sa totalité, s'élever jamais au doute, réservé généralement à quelques réprouvés de choix. Elle y accède cependant en partie, dans ces rares moments où elle change de dieux et où les esprits, soumis à des sollicitations contradictoires, ne savent plus quelle cause défendre ni à quelle vérité s'inféoder. Quand le christianisme fit irruption à Rome, les domestiques l'adoptèrent sans balancer ; les patriciens y répugnèrent et mirent du temps avant de passer de l'aversion à la curiosité, de la curiosité à la ferveur. Qu'on se figure un lecteur des *Hypotyposes pyrrhoniennes* en face des Évangiles ! Par quel artifice concilier, non pas deux doctrines, mais deux univers irréductibles ? et comment pratiquer des paraboles ingénues, quand on se débat dans les dernières perplexités de l'intellect ? Les traités où Sextus dressa, au début du IIIe siècle de notre ère, le bilan de tous les doutes antiques, sont une compilation exhaustive de l'irrespirable, ce qu'on a écrit de plus vertigineux et, il faut bien le dire, de plus ennuyeux. Trop subtils et trop méthodiques pour pouvoir rivaliser avec les superstitions nouvelles, ils étaient l'expression d'un monde révolu, condamné, sans avenir. N'empêche que le scepticisme, dont ils avaient codifié les thèses, put se maintenir quelque temps encore sur des positions perdues, jusqu'au jour où chrétiens et barbares conjuguèrent leurs efforts pour le réduire et l'abolir.

Une civilisation débute par le mythe et finit dans le doute ; doute théorique qui, lorsqu'elle le retourne contre elle-même, s'achève en doute pratique. Elle ne saurait commencer par mettre en question des valeurs qu'elle n'a pas encore créées ; une fois produites, elle s'en lasse et s'en détache, elle les examine et les pèse avec une objectivité dévastatrice. Aux croyances diverses qu'elle avait enfantées et qui maintenant s'en vont à la dérive, elle substitue un système d'incertitudes, elle *organise* son naufrage métaphysique et y réussit à merveille quand quelque Sextus l'y aide. Dans l'antiquité finissante le scepticisme eut une dignité qu'il ne devait pas retrouver à la Renaissance, malgré un Montaigne, ni même au XVIIIe siècle, malgré un

Hume. Pascal seul, s'il l'avait voulu, aurait pu le sauver et le réhabiliter ; mais il s'en détourna et le laissa traîner en marge de la philosophie moderne. Aujourd'hui, comme nous sommes, nous aussi, sur le point de changer de dieux, aurons-nous assez de répit pour le cultiver ? connaîtra-t-il un regain de faveur ou, au contraire, carrément prohibé, sera-t-il étouffé par le tumulte des dogmes ? L'important, cependant, n'est pas de savoir s'il est menacé du dehors, mais si nous pouvons le cultiver réellement, si nos forces nous permettent de l'affronter sans y succomber. Car avant d'être problème de civilisation, il est affaire individuelle, et, à ce titre, il nous concerne indépendamment de l'expression historique qu'il revêt.

Pour vivre, pour seulement respirer, il nous faut faire l'effort insensé de croire que le monde ou nos concepts renferment un fond de vérité. Dès que, pour une raison ou pour une autre, l'effort se relâche, nous retombons dans cet état de pure indétermination où, la moindre certitude nous apparaissant comme un égarement, toute prise de position, tout ce que l'esprit avance ou proclame, prend l'allure d'une divagation. N'importe quelle affirmation nous semble alors aventureuse ou dégradante ; de même, n'importe quelle négation. Il est sans conteste étrange autant que pitoyable d'en arriver là, quand, des années durant, nous nous sommes appliqués, avec quelque succès, à surmonter le doute et à en guérir. Mais c'est un mal dont nul ne se débarrasse tout à fait, s'il l'a éprouvé vraiment. Et c'est bien d'une rechute dont il sera question ici.

Tout d'abord, nous avons eu tort de mettre l'affirmation et la négation sur le même plan. Nier, nous en convenons, c'est affirmer à rebours. Il y a cependant quelque chose de plus dans la négation, un supplément d'anxiété, une volonté de se singulariser et comme un élément antinaturel. La nature, si elle se connaissait et qu'elle pût se hisser à la formule, élaborerait une suite interminable de jugements d'existence. L'esprit seul possède la faculté de refuser ce qui est et de se plaire à ce qui n'est pas, lui seul produit, lui seul fabrique de l'absence. Je ne prends conscience de moi-même, je ne *suis* que lorsque je nie ; dès que j'affirme je deviens interchangeable et me comporte en objet. Le *non* ayant présidé au morcellement de l'Unité primitive, un plaisir invétéré et malsain s'attache à toute forme de négation, capitale ou frivole. Nous nous ingénions à démolir des réputations, celle de Dieu en tout premier lieu ; mais il faut dire à notre décharge que nous nous acharnons encore plus à ruiner la nôtre, en mettant nos vérités en cause et en les discréditant, en opérant en nous le glissement de la négation au doute.

Alors qu'on nie toujours au nom de quelque chose, de quelque chose d'extérieur à la négation, le doute, sans se prévaloir de rien qui le dépasse, puise dans ses propres conflits, dans cette guerre que la raison se déclare à elle-même lorsque, excédée de soi, elle attente à ses fondements et les renverse, pour, libre enfin, échapper au ridicule d'avoir à affirmer ou à nier quoi que ce soit. Pendant qu'elle se divise contre elle-même, nous nous érigeons en juges et croyons pouvoir l'examiner ou la contrecarrer au nom d'un *moi* sur lequel elle n'aurait pas de prise ou dont elle ne serait qu'un accident, sans tenir compte qu'il est, logiquement, impossible que nous nous mettions au-dessus d'elle pour reconnaître ou contester sa validité, car il n'y a pas d'instance qui lui soit supérieure ni d'arrêt qui n'émane pas d'elle-même. Pratiquement, tout se passe néanmoins comme si, par un subterfuge ou un miracle, nous parvenions à nous affranchir de ses catégories et de ses entraves. L'exploit est-il si insolite ? Il se ramène en réalité à un phénomène des plus simples : quiconque se laisse entraîner par ses raisonnements *oublie* qu'il fait usage de la raison, et cet oubli est la condition d'une pensée féconde, voire de la pensée tout court. Pour autant que nous suivons le mouvement spontané de l'esprit et que, par la réflexion, nous nous plaçons *à même la vie*, nous ne pouvons penser que nous pensons ; dès que nous y songeons, nos idées se combattent et se neutralisent les unes les autres à l'intérieur d'une conscience vide. Cet état de stérilité où nous n'avançons ni ne reculons, ce piétinement exceptionnel est bien celui où nous conduit le doute et qui, à maints égards, s'apparente à la « sécheresse » des mystiques. Nous avions cru toucher au définitif et nous installer dans l'ineffable ; nous sommes précipités dans l'incertain et dévorés par l'insipide. Tout se ravale et s'effrite dans une torsion de l'intellect sur lui-même, dans une stupeur rageuse. Le doute s'abat sur nous comme une calamité ; loin de le choisir, nous y tombons. Et nous avons beau essayer de nous en arracher ou de l'escamoter, lui ne nous perd pas de vue, car il n'est même pas vrai qu'il s'abatte sur nous, il était en nous et nous y étions prédestinés. Personne ne choisit le manque de choix, ni ne s'évertue à opter pour l'absence d'option, vu que rien de ce qui nous touche en profondeur n'est *voulu*. Libre à nous de nous inventer des tourments ; comme tels, ce ne sont que pose et attitude ; ceux-là seuls comptent qui surgissent de nous malgré nous. Ne vaut que l'inévitable, ce qui relève de nos infirmités et de nos épreuves, de nos impossibilités en somme. Jamais le véritable doute ne sera volontaire ; même sous sa forme élaborée, qu'est-il sinon le déguisement spéculatif que revêt notre intolérance à l'être ? Aussi bien, quand il nous saisit et que nous en subissons les affres, n'y a-t-il rien dont nous ne puissions concevoir l'inexistence.

Il faut se figurer un principe autodestructeur d'essence *conceptuelle*, si l'on veut comprendre le processus par lequel la raison en vient à saper ses assises et à se ronger elle-même. Non contente de déclarer la certitude impossible, elle en exclut encore l'idée, elle ira même plus loin, elle rejettera toute forme d'évidence, car les évidences procèdent de l'être, dont elle s'est décrochée ; et ce décrochage engendre, définit et consolide le doute. Point de jugement, fût-il négatif, qui n'ait des racines dans l'immédiat ou qui ne suppose un désir d'aveuglement, faute duquel la raison ne décèle rien de manifeste à quoi elle puisse se fixer. Plus elle répugne à s'obnubiler, plus elle considère telle proposition comme aussi gratuite et aussi nulle que telle autre. La moindre adhésion, l'assentiment, sous quelque aspect qu'il se présente, lui paraissant inexplicable, inouï, surnaturel, elle soignera l'incertain et en étendra le champ avec un zèle où il entre un soupçon de vice et, curieusement, de vitalité. Et le sceptique s'en félicite, car sans cette recherche haletante de l'improbable où perce malgré tout quelque complicité avec la vie, il ne serait qu'un revenant. Il est d'ailleurs bien près d'en épouser l'état, puisqu'il lui faut douter jusqu'au moment où il n'y a plus de *matière* à doute, où tout s'évanouit et se volatilise, et où, assimilant le vertige lui-même à un reste d'évidence, à un simulacre de certitude, il percevra avec une acuité meurtrière la carence de l'inanimé et du vivant, et singulièrement de nos facultés qui, à travers lui, dénonceront elles-mêmes leurs prétentions et leurs insuffisances.

Quiconque tient à l'équilibre de sa pensée se gardera de toucher à certaines superstitions essentielles. C'est là, pour un esprit, une nécessité vitale, dont le sceptique seul fait fi, lui qui, n'ayant rien à préserver, ne respecte ni les secrets ni les interdits indispensables à la durée des certitudes. Il s'agit bien de certitudes ! La fonction qu'il s'arroge est de les fouiller pour en dévoiler l'origine et les compromettre, pour identifier la donnée sur laquelle elles se fondent et qui, au moindre examen, se révèle indistincte d'une hypothèse ou d'une illusion. Il ne ménagera pas davantage le mystère où il ne discerne qu'une limite que les hommes, par timidité ou paresse, ont assignée à leurs interrogations et à leurs inquiétudes. Ici, comme en tout, ce que cet antifanatique poursuit avec intolérance, c'est la *ruine de l'inviolable.*

Parce que la négation est un doute agressif, impur, un dogmatisme renversé, il est rare qu'elle se nie elle-même, qu'elle s'émancipe de ses frénésies et s'en dissocie. Il est en revanche fréquent, il est même inévitable, que le doute se mette lui-même en question, et qu'il veuille s'abolir plutôt que de voir ses perplexités dégénérer en articles de foi. Puisque tout se vaut, de quel droit échapperaient-elles à cette équivalence universelle, qui nécessairement les frappe de nullité ? Si le sceptique faisait une exception pour elles, il se condamnerait, il infirmerait ses thèses. Comme il entend y demeurer fidèle, et en tirer les conséquences, il aboutira à l'abandon de toute recherche, à la discipline de l'abstention, à la suspension du jugement. Les vérités qu'il avait envisagées dans leur principe et analysées sans pitié, se dissolvant les unes après les autres, il ne prendra pas la peine de les classer ou de les hiérarchiser. A laquelle donnerait-il d'ailleurs la préférence, quand il s'agit pour lui précisément de ne rien préférer, de ne plus jamais convertir une opinion en conviction ? Et même des *opinions*, il ne devrait s'en permettre que par caprice ou par besoin de se déconsidérer à ses propres yeux. « Pourquoi ceci plutôt que cela ? » — il adoptera cet antique refrain des douteurs, toujours corrosif, qui n'épargne rien, même pas la mort, trop tranchante, trop assurée à son gré, empreinte de « primarisme », tare qu'elle a héritée de la vie. La suspension du jugement représente le pendant philosophique de l'irrésolution, la formule qu'emprunte pour s'énoncer une volonté impropre à opter pour autre chose, sinon pour une absence qui exclut toute échelle de valeurs et tout critère contraignant. Un pas de plus, et à cette absence s'en ajoute une autre : celle des sensations. L'activité de l'esprit suspendue, pourquoi ne pas suspendre celle des sens, celle même du sang ? Plus d'objet, plus d'obstacle ni de choix à esquiver ou à affronter ; également soustrait à la servitude de la perception et de l'acte, le moi, triomphant de ses fonctions, se réduit à un point de conscience, projeté dans l'indéfini, hors du temps.

Comme toute forme d'expansion implique une soif d'irrévocable, se figure-t-on un conquérant qui suspendrait son jugement ? Le doute ne franchit pas le Rubicon, il ne franchit jamais rien ; son aboutissement logique est l'inaction absolue — extrémité concevable en pensée, inaccessible en fait. De tous les sceptiques, seul un Pyrrhon en a approché vraiment ; les autres s'y sont essayés avec plus ou moins de bonheur. C'est que le scepticisme a contre lui nos réflexes, nos appétits, nos instincts. Il a beau déclarer que l'*être* même est un préjugé, ce préjugé, plus vieux que nous, date d'avant l'homme et la vie, résiste à nos attaques, se passe de raisonnements et de preuves, puisque aussi bien tout ce qui existe, se manifeste et dure s'appuie sur l'indémontrable et l'invérifiable. Le mot de Keats : « Après tout, il y a certainement quelque chose de réel dans ce monde », quiconque ne le fait pas sien, se place à jamais hors des actes. La certitude qui s'y exprime n'est cependant pas assez impérieuse pour posséder des vertus dynamiques. Pour agir effectivement, il importe encore de croire à la réalité du bien et du mal, à leur existence distincte et autonome. Si nous assimilons l'un et l'autre à des conventions, le contour qui les individualise s'estompe : plus d'acte bon ou mauvais, donc plus d'acte du tout, de sorte que les choses, comme les jugements que nous portons sur elles, s'annulent au sein d'une morne identité. Une valeur dont nous savons qu'elle est arbitraire cesse d'être une valeur et se dégrade en fiction. Avec des fictions, nul moyen d'instituer une morale, encore moins des règles de conduite dans l'immédiat ; d'où, pour échapper au désarroi, le devoir qui nous incombe de réintégrer le bien et le mal dans leurs droits, de les sauver et de nous sauver — au prix de notre clairvoyance. C'est le *douteur* en nous qui nous empêche de donner notre mesure, c'est lui qui, en nous imposant la corvée de la lucidité, nous surmène, nous épuise et nous abandonne à nos déboires, après avoir abusé de nos capacités d'interrogation et de refus. En un certain sens, n'importe quel doute est disproportionné à nos forces. Aux nôtres seulement ? Un dieu qui souffre, cela s'est vu, cela est normal ; un dieu qui doute est aussi misérable que nous. C'est ainsi que, malgré leur bien-fondé, leur exemplaire légitimité, nous ne considérons jamais nos doutes sans un certain effroi, lors même que nous avons ressenti quelque volupté à les concevoir. Le sceptique intraitable, barricadé dans son système, nous apparaît comme un déséquilibré *par excès de rigueur*, comme un lunatique par inaptitude à divaguer. Sur le plan philosophique, personne qui soit plus honnête que lui ; mais son honnêteté même a quelque chose de monstrueux. Rien ne trouve grâce à ses yeux, tout lui semble approximation et apparence, nos théorèmes comme nos cris. Son drame est de ne pouvoir à aucun moment condescendre à l'imposture, comme nous faisons tous quand nous affirmons ou nions, quand nous avons le front d'émettre une opinion quelconque. Et parce qu'il est incurablement honnête, il découvre le mensonge partout où une opinion s'attaque à l'indifférence et en triomphe. Vivre équivaut à l'impossibilité de s'abstenir ; vaincre cette impossibilité est la tâche démesurée qu'il s'impose et qu'il affronte en solitaire, l'abstention en commun, la suspension *collective* du jugement n'étant guère praticable. Si elle l'était, quelle occasion pour l'humanité de faire une fin *honorable* ! Mais ce qui est à peine dévolu à l'individu, ne saurait l'être d'aucune manière aux foules, tout juste capables de se hausser jusqu'à la négation.

Le doute se révélant incompatible avec la vie,

le sceptique conséquent, obstiné, ce mort-vivant, achève sa carrière par une défaite sans analogue dans aucune autre aventure intellectuelle. Furieux d'avoir recherché la singularité et de s'y être complu, il aspirera à l'effacement, à l'anonymat, et cela, paradoxe des plus déroutants, au moment même où il ne se sent plus aucune affinité avec rien ni personne. Se modeler sur le vulgaire, c'est tout ce qu'il souhaite à ce point de sa dégringolade où il réduit la sagesse au conformisme et le salut à l'illusion consciente, à l'illusion postulée, en d'autres termes, à l'acceptation des apparences comme telles. Mais il oublie que les apparences ne sont un recours que si l'on est assez obnubilé pour les assimiler à des réalités, que si l'on bénéficie de l'illusion naïve, de l'illusion qui s'ignore, de celle précisément qui est l'apanage des autres et dont il est seul à n'avoir pas le secret. Au lieu d'en prendre son parti, il se mettra, lui, l'ennemi de l'imposture en philosophie, à tricher dans la vie, persuadé qu'à force de dissimulations et de fraudes, il parviendra à ne pas se distinguer du reste des mortels, qu'il essaiera inutilement d'imiter, vu que tout acte exige de lui un combat contre les mille motifs qu'il a de ne pas l'exécuter. Le moindre de ses gestes sera concerté, le résultat d'une tension et d'une stratégie, comme s'il lui fallait prendre d'assaut chaque instant, faute de pouvoir s'y plonger naturellement. L'être, qu'il a disloqué, il se crispe et se démène dans le vain espoir de le redresser. Semblable à celle de Macbeth, sa conscience est ravagée ; lui aussi a tué le sommeil, le sommeil où reposaient les certitudes. Elles se réveillent, et viennent le hanter et le troubler ; et elles le troublent en effet, mais comme il ne s'abaisse pas au remords, il contemple le défilé de ses victimes avec un malaise adouci par l'ironie. Que lui importent maintenant ces récriminations de fantômes ? Détaché de ses entreprises et de ses forfaits, il est arrivé à la délivrance, mais à une délivrance *sans salut*, prélude à l'expérience intégrale de la vacuité, dont il approche tout à fait lorsque, après avoir douté de ses doutes, il finit par douter de soi, par se déprécier et se haïr, par ne plus croire à sa mission de destructeur. Une fois rompu le dernier lien, celui qui le rattachait à soi, et faute duquel l'autodestruction même est impossible, il cherchera refuge dans la vacance primordiale, au plus intime des origines, avant ce tiraillement entre la matière et le germe qui se prolonge à travers la série des êtres, de l'insecte au plus harcelé des mammifères. Comme la vie ni la mort n'excite plus son esprit, il est moins réel que ces ombres dont il vient d'essuyer les reproches. Plus aucun sujet qui l'intrigue ou qu'il veuille élever à la dignité d'un problème, d'un fléau. Son incuriosité atteint à une telle ampleur qu'elle confine au dépouillement total, à un néant plus dénudé que celui dont les mystiques s'enorgueillissent ou se plaignent après leurs pérégrinations à travers le « désert » de la divinité. Au milieu de son hébétude sans faille, une seule pensée le tracasse encore, une seule interrogation, stupide, risible, obsédante : « Que faisait Dieu pendant qu'il ne faisait rien ? à quoi employait-il, avant la création, ses terribles loisirs ? » — S'il lui parle d'égal à égal, c'est qu'ils se trouvent l'un et l'autre au même degré de stagnation et d'inutilité. Quand ses sens se flétrissent par manque d'objets qui puissent les solliciter, et que sa raison cesse de s'exercer par horreur de porter des jugements, il en est à ne plus pouvoir s'adresser qu'au *non-créateur*, auquel il ressemble, avec lequel il se confond, et dont le Tout, indiscernable du Rien, est l'espace où, stérile et prostré, il s'accomplit, il se repose.

A côté du sceptique rigoureux ou, si l'on veut, orthodoxe, dont nous venons de voir la fin lamentable et, à certains égards, grandiose, il en existe un autre, hérétique, capricieux, qui, tout en ne subissant le doute que par à-coups, est susceptible de le penser jusqu'au bout et d'en tirer les dernières conséquences. Lui aussi connaîtra la suspension du jugement et l'abolition des sensations, *à l'intérieur d'une crise seulement*, qu'il surmontera en projetant dans l'indétermination où il se voit précipité un contenu et un frisson qu'elle ne semblait guère comporter. Faisant un bond hors des apories où végétait son esprit, il passe de l'engourdissement à l'exultation, il s'élève à un enthousiasme halluciné qui rendrait le minéral lyrique, s'il y avait encore du minéral. Plus de consistance nulle part, tout se transfigure et s'évanouit ; lui seul demeure, face à un vide triomphal. Libre des entraves du monde et de celles de l'entendement, il se compare, lui aussi, à Dieu, lequel, cette fois, sera débordant, excessif, ivre, plongé dans les transes de la création, et dont il fera siens les privilèges, sous le coup d'une soudaine omniscience, d'une minute miraculeuse où le possible, désertant l'Avenir, viendra se fondre dans l'instant pour le grossir, pour le dilater jusqu'à l'éclatement.

Parvenu là, ce sceptique *sui generis* ne craint rien tant que de retomber dans une nouvelle crise. Du moins lui sera-t-il loisible de considérer du dehors le doute dont il a triomphé momentanément, au rebours de l'autre qui s'y est enferré à jamais. Il possède encore sur celui-ci l'avantage de pouvoir s'ouvrir à des expériences d'un ordre différent, à celles des esprits religieux surtout, qui utilisent et exploitent le doute, en font une étape, un enfer provisoire mais indispensable pour déboucher sur l'absolu et s'y ancrer. Ce sont des traîtres au scepticisme, dont il voudrait suivre l'exemple : dans la mesure où il y réussit, il entrevoit que l'abolition des sensations peut conduire à autre chose qu'à une impasse. Quand Sariputta, un disciple du Bouddha, s'exclame : « Le Nirvâna est félicité ! » et quand on lui objecte qu'il ne saurait y avoir de félicité là où il n'y a pas de sensations, Sariputta répond : « La félicité, c'est justement qu'il n'y a là aucune sensation. » — Ce paradoxe n'en est plus un pour celui qui, malgré ses tribulations et son usure, dispose encore d'assez de ressources pour rejoindre l'être aux confins du vide, et pour vaincre, ne fût-ce qu'en de brefs moments, cet appétit d'irréalité dont surgit la clarté irréfragable du doute, à laquelle on ne peut opposer que des évidences extra-rationnelles, conçues par un autre appétit, l'appétit du réel. Cependant, à la faveur de la moindre défaillance, la rengaine : « Pourquoi ceci plutôt que cela ? » revient, et son insistance et son ressassement jettent la conscience dans une intemporalité maudite, dans un devenir gelé, alors que n'importe quel *oui* et le *non* même la font participer à la substance du Temps, dont ils émanent et qu'ils proclament.

Toute affirmation et, à plus forte raison, toute croyance procède d'un fonds barbare que la plupart, que la quasi-totalité des hommes ont le bonheur de conserver, et que seul le sceptique — encore une fois, le véritable, le conséquent — a perdu ou liquidé, au point de n'en garder que de vagues restes, trop faibles pour influer sur son comportement ou sur la conduite de ses idées. Aussi bien, s'il existe des sceptiques isolés à chaque époque, le scepticisme, comme phénomène historique, ne se rencontre-t-il qu'aux moments où une civilisation n'a plus d'« âme », dans le sens que Platon donne au mot : « ce qui se meut de soi-même ». En l'absence de tout principe de mouvement, comment aurait-elle encore un présent, comment surtout un avenir ? Et de même que le sceptique, au bout de son travail de sape, en était à une déroute pareille à celle qu'il avait réservée aux certitudes, de même une civilisation, après avoir miné ses valeurs, s'affaisse avec elles, et tombe dans une déliquescence où la barbarie apparaît comme l'unique remède, ainsi qu'en témoigne l'apostrophe lancée aux Romains par Salvien au début du ve siècle : « Il n'y a pas chez vous une ville qui soit pure, si ce n'est celles où habitent les barbares. » — En l'occurrence, il s'agissait peut-être moins de licence que de désarroi. La licence, la débauche même, sied bien à une civilisation, ou tout au moins elle s'en accommode. Mais le désarroi, quand il s'étend, elle le redoute, et se tourne vers ceux qui y échappent, qui en sont indemnes. Et c'est alors que le barbare commence à séduire, à fasciner les esprits délicats, les esprits tiraillés, qui l'envient et l'admirent, quelquefois ouvertement, le plus souvent en cachette, et souhaitent, sans se l'avouer toujours, en devenir les esclaves. Qu'ils le craignent aussi, c'est indéniable ; mais cette crainte, nullement salutaire, contribue au contraire à leur assujettissement futur, elle les affaiblit, les paralyse, et les enfonce plus avant dans leurs scrupules et leurs impasses. Dans leur cas, l'abdication, qui est leur seule issue, entraîne moins la suspension du jugement que celle de la volonté, non pas tant la déconfiture de la raison que celle des organes. A ce stade, le scepticisme est inséparable d'une infirmité physiologique. Une constitution robuste le refuse et s'en écarte ; une organisation débile y cède et s'y précipite. Voudra-t-elle ensuite s'en défaire ? Comme elle n'y réussira guère par ses propres moyens, elle demandera le concours du barbare dont c'est le rôle, non de résoudre, mais de supprimer les problèmes et, avec eux, la conscience suraiguë qui y est inhérente et qui harasse le faible, alors même qu'il a renoncé à toute activité spéculative. C'est qu'en cette conscience se perpétue un besoin maladif, irrépressible, antérieur à toute perplexité théorique, le besoin qu'a le débile de se multiplier dans le déchirement, la souffrance et la frustration, d'être cruel, non point envers autrui, mais envers soi. La raison, au lieu de s'en servir pour s'apaiser, il en a fait un instrument d'autotorture : elle lui fournit des arguments contre lui-même, elle justifie sa volonté de culbute, elle le flatte, elle s'épuise à lui rendre l'existence intolérable. Et c'est encore dans un effort désespéré contre soi qu'il presse son ennemi de venir le délivrer de son dernier tourment.

Le phénomène barbare, qui survient inéluctablement à certains tournants historiques, est peut-être un mal, mais un mal nécessaire ; au surplus, les méthodes dont on userait pour le combattre en précipiteraient l'avènement, puisque, pour être efficaces, il faudrait qu'elles fussent féroces : ce à quoi une civilisation ne veut se prêter ; le voulût-elle qu'elle n'y parviendrait pas, faute de vigueur. Le mieux pour elle, une fois déclinante, est de ramper devant le barbare ; elle n'y répugne d'ailleurs aucunement, elle sait trop bien qu'il représente, qu'il incarne déjà l'avenir. L'Empire envahi, les lettrés (que l'on songe aux Sidoine Apollinaire, aux Ennodius, aux Cassiodore) devinrent tout naturellement les panégyristes des rois goths. Le reste, la grande masse des vaincus se réfugièrent dans l'administration ou dans l'agriculture, car ils étaient trop avachis pour qu'on leur permît la carrière des armes. Convertis au christianisme par lassitude, ils furent incapables d'en assurer seuls le triomphe : les conquérants les y aidèrent. Une religion n'est rien par elle-même ; son sort dépend de ceux qui l'adoptent. Les nouveaux dieux exigent des hommes nouveaux, susceptibles, en toute occasion, de se prononcer et d'opter, de dire carrément oui ou non, au lieu de s'empêtrer dans des ergotages ou de s'anémier par l'abus de la nuance. Comme les *vertus* des barbares consistent précisément dans la force de prendre parti, d'affirmer ou de nier, elles seront toujours célébrées par les époques finissantes. La nostalgie de la barbarie est le dernier mot d'une civilisation ; elle l'est par là même du scepticisme.

A l'expiration d'un cycle, à quoi en effet peut rêver un esprit revenu de tout, sinon à la chance qu'ont des brutes de miser sur le possible et de s'y vautrer ? Inapte à défendre des doutes qu'il ne pratique plus ou à souscrire à des dogmes naissants qu'il méprise, il applaudit, suprême désistement de l'intellect, aux démonstrations irréfutables de l'instinct : Grec, il plie devant le Romain, lequel à son tour pliera devant le Germain, selon un rythme inexorable, une loi que l'histoire s'empresse d'illustrer, aujourd'hui encore plus qu'au début de notre ère. Le combat est inégal entre les peuples qui discutent et les peuples qui se taisent, d'autant plus que les premiers, ayant usé leur vitalité en arguties, se sentent attirés par la rudesse et le silence des derniers. Si cela est vrai d'une collectivité, que dire d'un individu, singulièrement du sceptique ? Aussi, point ne faut s'étonner de le voir, lui, professionnel de la subtilité, au sein de l'ultime solitude où il est parvenu, s'ériger en ami et en complice des hordes.

Le Démon est-il sceptique?

Les exploits les plus odieux dont on rend le démon responsable apparaissent, dans leurs effets, moins nocifs que ne le sont les thèmes sceptiques lorsqu'ils cessent d'être jeu pour devenir hantise. Détruire, c'est agir, c'est créer à rebours, c'est, d'une manière toute spéciale, manifester sa solidarité avec ce qui est. En tant qu'agent du non-être, le Mal s'insère dans l'économie de l'être, il est donc nécessaire, il remplit une fonction importante, vitale même.

Mais quelle fonction assigner au doute ? A quelle nécessité répond-il ? Qui en a besoin en dehors du douteur ? Malheur gratuit, accablement à l'état pur, il ne correspond à aucune des exigences positives du vivant. Sans rime ni raison, remettre toujours tout en question, douter même en rêve !

Pour arriver à ses fins, le démon, esprit dogmatique, emprunte quelquefois par stratagème les voies du scepticisme ; il veut faire croire qu'il n'adhère à rien, il simule le doute et, à l'occasion, s'en fait un adjuvant. Bien qu'il le connaisse, il ne s'y complaît cependant jamais, et tant il le craint qu'il n'est même pas sûr qu'il veuille le suggérer ou l'infliger à ses victimes.

Le drame du douteur est plus grand que celui du négateur, pour la raison que vivre sans but est autrement malaisé que de vivre pour une mauvaise cause. Or, de but, le sceptique n'en connaît aucun : tous étant également fragiles ou nuls, lequel choisir ? La négation en échange équivaut à un programme ; elle peut occuper, elle peut même combler l'existence la plus exigeante, sans compter qu'il est *beau* de nier, surtout lorsque Dieu en pâtit : la négation n'est pas vacuité, elle est plénitude, une plénitude inquiète et agressive. Si on fait résider le salut dans l'acte, nier c'est se sauver, c'est poursuivre un dessein, jouer un rôle. On comprend pourquoi le sceptique, lorsqu'il regrette de s'être avancé sur un chemin périlleux, envie le démon ; c'est que la négation, malgré les réserves qu'elle inspire, rien ne pourra empêcher qu'elle ne soit source d'action ou de certitude : quand on nie, on sait ce qu'on veut ; quand on doute, on finit par ne plus le savoir.

Obstacle majeur à notre équilibre, la tristesse est un état d'inadhésion diffus, une rupture passive avec l'être, une négation *incertaine d'elle-même*, impropre, de plus, à se muer en affirmation ou en doute. Elle convient bien à nos infirmités, elle conviendrait encore mieux à celles d'un démon qui, las de nier, se trouverait soudain sans emploi. Cessant de croire au mal, nullement enclin à pactiser avec le bien, il se verrait, lui, le plus ardent de tous les déchus, privé de mission et de foi en lui-même, inapte à nuire, excédé par le chaos, réprouvé sans les consolations du sarcasme. Si la tristesse fait songer à un enfer désaffecté, c'est qu'il y a en elle quelque chose d'une méchanceté prête à abdiquer, émoussée et méditative, rebelle à s'exercer encore contre quoi que ce soit, sinon contre elle-même. Elle *dé*passionne le devenir, elle l'oblige à rentrer sa rage, à se dévorer, à se calmer *en se détruisant*.

L'affirmation et la négation ne différant pas *qualitativement*, le passage de l'une à l'autre est naturel et facile. Mais une fois qu'on a épousé le doute, il n'est ni facile ni naturel de revenir aux certitudes qu'elles représentent. On se trouve alors paralysé, dans l'impossibilité de militer pour quelque cause que ce soit ; bien mieux, on les refusera toutes, et, au besoin, on les ruinera, *sans descendre dans l'arène*. Le sceptique, au grand désespoir du démon, est l'homme inutilisable par excellence. Il ne se prend, il ne se fixe à rien ; la rupture entre lui et le monde s'accuse avec chaque événement et avec chaque problème qu'il lui faut affronter. On l'a taxé de dilettante parce qu'il se plaît à tout minimiser ; en fait, il ne minimise rien, il remet simplement les choses à leur place. Nos plaisirs comme nos douleurs viennent de l'importance indue que nous attribuons à nos expériences. Le sceptique s'évertuera donc à mettre de l'ordre non seulement dans ses jugements, ce qui est aisé, mais encore dans ses sensations, ce qui est plus difficile. Par là même, il trahit ses limites et son inaccomplissement (on n'ose dire sa frivolité), car seule la volupté de la souffrance convertit l'existence en destinée. Où le classer si sa place n'est ni parmi les esprits graves ni parmi les futiles ? Entre les deux sans conteste, dans cette condition de passant toujours inquiet qui ne s'arrête nulle part, parce que nul objet, parce que nul être ne lui fournit la moindre impression de réalité. Ce qui lui manque, ce qu'il ignore, c'est la piété, unique sentiment capable de sauver en même temps l'apparence et l'absolu. Comme elle n'analyse rien, elle ne saurait rien minimiser ; elle perçoit de la *valeur* partout, elle se prend et se fixe aux choses. Le sceptique l'a-t-il éprouvée dans son passé ? Il ne la retrouvera jamais, dût-il prier jour et nuit. Il aura la foi, il croira à sa façon, il désavouera ses ricanements et ses blasphèmes, mais connaître la piété, il n'y parviendra à aucun prix : là où le doute a passé il ne demeure pas de place pour elle. L'espace dont elle aurait besoin, comment le sceptique le lui offrirait-il, quand il a tout saccagé en soi et autour de soi ? Plaignons ce touche-à-tout ténébreux, apitoyons-nous sur cet *amateur maudit*.

La certitude s'instaurerait-elle sur terre et supprimerait-elle dans les esprits toute trace de curiosité et d'anxiété, que rien ne serait changé pour le prédestiné au scepticisme. Lors même qu'on démolirait ses arguments un à un, il n'en resterait pas moins sur ses positions. Pour l'en déloger, pour l'ébranler en profondeur, il faudrait s'attaquer à son avidité de vacillations, à sa soif de perplexités : ce qu'il cherche, ce n'est pas la vérité, c'est l'insécurité, c'est l'interrogation sans fin. L'hésitation, qui est sa passion, son aventure, son martyre escompté, dominera toutes ses pensées et toutes ses entreprises. Et lui qui balance autant par méthode que par nécessité, il réagira néanmoins comme un fanatique : il ne pourra sortir de ses obsessions ni, à plus forte raison, de lui-même. Le doute infini le rendra paradoxalement prisonnier d'un monde fermé. Comme il n'en sera pas conscient, il persistera à croire que sa démarche ne se heurte à aucune barrière et qu'elle n'est ni infléchie ni altérée par la moindre faiblesse. Son besoin exaspéré d'incertitude deviendra une infirmité dont il ne cherchera pas le remède, puisque aussi bien nulle évidence, fût-elle irrésistible et définitive, ne l'amènera à *suspendre* ses doutes. Le sol se dérobe-t-il sous ses pas ? Il ne s'en alarme guère, il continue, désespéré et tranquille. La vérité finale serait-elle connue, le mot de l'énigme divulgué, toutes les difficultés résolues et tous les mystères élucidés — rien ne le troublerait, rien ne le détournerait de sa voie. Tout ce qui flatte son appétit d'irrésolution, tout ce qui l'aide à vivre et l'en empêche en même temps, est sacré pour lui. Et si l'Indifférence le comble, s'il en fait une réalité aussi vaste que l'univers, c'est qu'elle est l'équivalent pratique du doute, et le doute n'a-t-il pas à ses yeux le prestige de l'Inconditionné ?

S'inféoder, s'assujettir, telle est la grande affaire de tous. C'est précisément ce à quoi le sceptique se refuse. Il sait pourtant que dès que l'on *sert* on est sauvé, puisqu'on a choisi ; et tout choix est un défi au vague, à la malédiction, à l'infini. Les hommes ont besoin de points d'appui, ils veulent la certitude coûte que coûte, même aux dépens de la vérité. Comme elle est revigorante, et qu'ils ne peuvent s'en passer, alors même qu'ils la savent mensongère, aucun scrupule ne les retiendra dans leurs efforts pour l'obtenir.

La poursuite du doute en revanche est débilitante et malsaine ; nulle nécessité vitale, nul *intérêt* n'y préside. Si nous nous y engageons, c'est que très probablement une force destructrice nous y détermine. Ne dirait-on pas que le démon, qui n'oublie rien, se venge sur nous de notre refus de coopérer à son œuvre ? Furieux de nous voir travailler pour notre propre compte, il nous obnubile, il s'arrange pour que nous quêtions l'Insoluble avec une minutie qui nous ferme à toute illusion comme à toute réalité. Aussi cette quête à laquelle il nous condamne se ramène-t-elle à une chute *méthodique* dans l'abîme.

Avant Lucifer, le premier à avoir attenté à l'inconscience originelle, le monde reposait en Dieu. Non qu'il n'y eût des conflits, mais ceux-ci, n'impliquant ni rupture ni rébellion, se déroulaient encore à l'intérieur de l'unité primitive, unité qu'une force nouvelle et redoutable allait briser. L'attentat, inséparable de la chute des anges, demeure le fait capital survenu antérieurement à l'autre chute, à celle de l'homme. Lui révolté, lui tombé, ce fut, dans l'histoire de la conscience, la seconde étape, le second coup porté à l'ordre et à l'œuvre de Dieu, ordre et œuvre que devait entamer, à son tour, le sceptique — produit de fatigue et de dissolution, extrémité du cheminement de l'esprit, version tardive, peut-être finale, de l'homme. Au rebours des deux protestataires, le sceptique dédaigne la révolte, et n'entend pas s'y abaisser ; ayant usé ses indignations comme ses ambitions, il est sorti du cycle des insurrections suscitées par la double chute. Et il s'éloigne de l'homme qu'il trouve vieux jeu, comme l'homme s'était éloigné du Démon, son maître, auquel il reprochait de conserver des restes de naïveté et d'illusion. On aperçoit la gradation dans l'expérience de la solitude, et les conséquences de l'arrachement à l'unité primordiale

Le geste de Lucifer, comme le geste d'Adam, l'un précédant l'Histoire, l'autre l'inaugurant, représentent les moments essentiels du combat pour isoler Dieu et disqualifier son univers. Cet univers était celui du bonheur irréfléchi dans l'indivision. Nous y aspirons toutes les fois que nous sommes las de porter le fardeau de la dualité.

La grande valeur pratique des certitudes ne

doit pas nous dissimuler leur fragilité théorique. Elles se flétrissent, elles vieillissent, tandis que les doutes gardent une fraîcheur inaltérable... Une croyance est liée à une époque ; les arguments que nous lui opposons et qui nous mettent dans l'impossibilité d'y adhérer, bravent le temps, de sorte que cette croyance ne dure que grâce aux objections qui l'ont minée. Il nous est malaisé de nous figurer la formation des dieux grecs, le processus exact par lequel on conçut à leur égard de la crainte ou de la vénération ; nous comprenons en revanche parfaitement comment on en vint à se désintéresser d'eux, puis à contester leur utilité ou leur existence. La critique est de tous les temps ; l'inspiration religieuse, un privilège de certaines époques, éminemment rares. S'il faut beaucoup d'irréflexion et d'ébriété pour engendrer un dieu, il suffit, pour le tuer, d'un peu d'*attention.* Ce petit effort, l'Europe le fournit depuis la Renaissance. Quoi d'étonnant si nous en sommes à envier ces moments grandioses où l'on pouvait assister à l'enfantement de l'absolu ?

Après une longue intimité avec le doute, vous en arrivez à une forme particulière d'orgueil : vous ne croyez pas que vous soyez plus doué que les autres, vous vous croyez seulement *moins naïf* qu'eux. Vous avez beau savoir que tel ou tel est pourvu de facultés ou de connaissances auprès desquelles les vôtres ne comptent guère, rien n'y fera, vous le prendrez pour quelqu'un qui, impropre à l'essentiel, s'est empêtré dans le futile. Aura-t-il traversé des épreuves sans nombre et sans nom ? il vous semblera encore resté bien en deçà de l'expérience unique, capitale, que vous avez des êtres et des choses. Un enfant, des enfants tous, incapables de voir ce que vous seul avez vu, vous, le plus détrompé des mortels, sans aucune illusion sur autrui et sur soi. Mais vous en garderez une malgré tout : celle, tenace, indéracinable, de croire ne point en posséder. Nul ne sera à même de vous l'ôter, car nul n'aura à vos yeux le mérite d'être aussi revenu de tout que vous. En face d'un univers de dupes, vous vous poserez en solitaire, avec la conséquence que vous ne pourrez rien pour personne, comme personne ne pourra rien pour vous.

Plus nous avons le sentiment de notre insignifiance, plus nous méprisons les autres, et ils cessent même d'exister pour nous quand nous illumine l'évidence de notre rien. Nous n'attribuons quelque réalité à autrui que dans la mesure où nous en découvrons en nous-mêmes. Quand il nous est impossible de nous leurrer encore sur notre propre compte, nous devenons incapables de ce minimum d'aveuglement et de générosité qui seul pourrait *sauver* l'existence de nos semblables. A ce degré de clairvoyance, n'ayant plus de scrupules à leur égard, nous les assimilons à des pantins, hors d'état de s'élever à la vision de leur nullité. Comment s'arrêter alors à ce qu'ils disent et à ce qu'ils font ?

Par-delà les hommes, les dieux eux-mêmes sont visés : ils n'existent que dans la mesure où nous trouvons en nous un principe d'existence. Que ce principe tarisse, et il n'est plus d'échange possible avec eux : ils n'ont rien à nous donner, nous n'avons rien à leur offrir. Après les avoir fréquentés et comblés pendant longtemps, nous nous en écartons, nous les oublions et restons face à eux les mains vides, éternellement. Des pantins eux aussi, comme nos semblables, comme nous-mêmes.

Le mépris, qui suppose une complicité avec la certitude, une prise de position en tout cas, le sceptique devrait se l'interdire. Il y sacrifie malheureusement, il regarde même de haut quiconque n'en fait pas autant. Lui qui prétendait avoir tout vaincu, n'a pu vaincre la superbe ni les inconvénients qui en dérivent. A quoi bon avoir amassé doute sur doute, refus sur refus, pour aboutir à un genre spécial de servitude et de malaise ? La clairvoyance dont il se targue est son propre ennemi : elle ne l'éveille au non-être, elle ne lui en fait prendre conscience, que pour l'y river. Et il ne pourra plus s'en dégager, il y sera asservi, prisonnier au seuil même de son affranchissement, à jamais ligoté à l'irréalité.

Désir et horreur de la gloire

Si chacun de nous avouait son désir le plus secret, celui qui inspire tous ses projets et tous ses actes, il dirait : « Je veux être loué. » Nul ne s'y résoudra, car il est moins déshonorant de commettre une abomination que de proclamer une faiblesse aussi pitoyable et aussi humiliante, surgie d'un sentiment de solitude et d'insécurité dont souffrent, avec une égale intensité, les rejetés et les chanceux. Personne n'est *sûr* de ce qu'il est, ni de ce qu'il fait. Si imbus que nous soyons de nos mérites, nous sommes rongés par l'inquiétude et ne demandons, pour la surmonter, qu'à être trompés, qu'à recevoir de l'approbation de n'importe où et de n'importe qui. L'observateur décèle une nuance suppliante dans le regard de quiconque a terminé une entreprise ou une œuvre, ou se livre tout simplement à quelque genre d'activité que ce soit. L'infirmité est universelle ; et si Dieu en paraît indemne, c'est que, la création une fois achevée, il ne pouvait, faute de témoins, escompter des louanges. Il s'en décerna à lui-même, il est vrai, et à la fin de chaque jour !

De même que, pour se faire un nom, chacun s'emploie à devancer les autres, de même, dans ses commencements, l'homme dut connaître l'envie confuse d'éclipser les bêtes, de s'affirmer à leurs dépens, de *briller* coûte que coûte. Une rupture d'équilibre, source d'ambition sinon d'énergie, s'étant produite dans son économie vitale, il s'en trouva projeté dans une compétition avec tous les vivants, en attendant d'entrer en compétition avec soi par cette folie du dépassement qui, aggravée, allait le définir en propre. Lui seul, dans l'état de nature, se voulut *important*, lui seul, au milieu des animaux, haïssait l'anonymat et s'évertua à en sortir. Se faire valoir, tel était, tel demeure son rêve. Il est difficile de croire qu'il ait sacrifié le paradis par simple désir de connaître le bien et le mal ; en revanche on l'imagine parfaitement risquant tout pour être quelqu'un. Corrigeons la Genèse : s'il gâcha son bonheur initial, ce fut moins par goût de la science que par appétit de la gloire. Dès qu'il en subit l'attrait, il passa du côté du diable. Et elle est vraiment diabolique, dans son principe comme dans ses manifestations. A cause d'elle, le plus doué des anges a fini en aventurier et plus d'un saint en saltimbanque. Ceux qui l'ont connue ou simplement approchée ne peuvent plus s'en éloigner et, pour rester dans ses parages, ne reculeront devant aucune bassesse, devant aucune vilenie. Quand on ne peut sauver son âme, on espère du moins sauver son nom. L'usurpateur qui devait s'assurer une position privilégiée dans l'univers, y serait-il parvenu sans la volonté de faire parler de soi, sans l'obsession, sans la manie du tapage ? Si cette manie s'emparait de n'importe quel animal, si « arriéré » fût-il, cet animal brûlerait les étapes et rattraperait l'homme.

Le désir de gloire vous quitte-t-il ? Avec lui s'en iront ces tourments qui vous aiguillonnaient, qui vous poussaient à produire, à vous réaliser, à sortir de vous-même. Eux disparus, vous vous contenterez de ce que vous êtes, vous rentrerez dans vos frontières, la volonté de suprématie et de démesure vaincue et abolie. Soustrait au règne du serpent, vous ne garderez plus aucune trace de l'ancienne tentation, du stigmate qui vous distinguait des autres créatures. Est-il certain que vous soyez encore *homme* ? Tout au plus une plante *consciente*.

Les théologiens, en assimilant Dieu à un esprit pur, ont trahi qu'ils n'avaient aucun sentiment du processus de création, du *faire* en général.

L'esprit comme tel est inapte à produire ; il projette mais, pour exécuter ses projets, il faut qu'une énergie impure vienne le mettre en branle. C'est lui, et non la chair, qui est faible, et il ne devient fort que stimulé par une soif suspecte, par quelque impulsion condamnable. Plus une passion est douteuse, plus elle épargne à celui qui y est assujetti le danger de créer des œuvres fausses ou désincarnées. Est-il dominé par la cupidité, la jalousie, la vanité ? Loin de l'en blâmer, il faut l'en louer au contraire : que serait-il sans elles ? Presque rien, c'est-à-dire esprit pur, plus précisément ange ; or, l'ange, par définition, est stérile et inefficace, comme la lumière où il végète, laquelle n'engendre rien, privée qu'elle est de ce principe obscur, souterrain qui réside dans toute manifestation de vie. Dieu apparaît autrement favorisé, puisque pétri de ténèbres : sans leur imperfection dynamique, il fût resté dans un état de paralysie ou d'absence, incapable de jouer le rôle que l'on sait. Il leur doit tout, y compris son *être*. Rien de ce qui est fécond et vrai n'est tout à fait lumineux, ni tout à fait honorable. Dire d'un poète, à propos de telle ou telle de ses faiblesses, que c'est une « tache sur son génie », c'est méconnaître le ressort et le secret, sinon de ses talents, à coup sûr de son « rendement ». Toute œuvre, si haut qu'en soit le niveau, surgit de l'immédiat et en porte la marque : nul ne crée dans l'absolu ni dans le vide. Enfermés dans un univers *humain*, dès que nous nous en évadons, pourquoi produire et pour qui ? Plus *l'homme* nous requiert, plus les *hommes* cessent de nous intéresser ; cependant c'est à cause d'eux et de l'opinion qu'ils se font de nous, que nous nous agitons, à preuve l'incroyable prise qu'a la flatterie sur tous les esprits, sur les grossiers comme sur les délicats. C'est une erreur de croire qu'elle soit sans effet sur le solitaire ; il y est en réalité plus sensible qu'on ne pense, parce que, faute d'en subir souvent le charme ou le poison, il ne sait pas s'en défendre. Si blasé qu'il soit sur tout, il ne l'est pas sur les compliments. Comme on ne lui en fait pas beaucoup, il n'en a guère l'habitude ; que l'occasion se présente de lui en prodiguer, il les accueillera avec une avidité puérile et écœurante. Versé dans nombre de matières, il est novice dans celle-ci. Encore faut-il ajouter à sa décharge que tout compliment agit physiquement et suscite un frisson délicieux que nul ne saurait étouffer ni même maîtriser, à moins d'une discipline, d'un contrôle de soi, qui s'acquiert seulement par la pratique de la société, par une longue fréquentation des habiles et des fourbes. A vrai dire, rien, la méfiance ni le mépris, n'immunise contre les effets de la flatterie : suspectons-nous ou déprécions-nous quelqu'un ? nous serons néanmoins attentifs aux jugements favorables qu'il voudra bien porter sur nous, et nous changerons même d'avis sur lui s'ils sont assez lyriques, assez exagérés pour nous paraître spontanés, involontaires. En apparence, tout le monde est content de soi ; en réalité, personne. Faudra-t-il donc, par esprit de charité, encenser amis et ennemis, tous les mortels sans exception et dire amen à chacune de leurs extravagances ? A tel point le doute sur soi travaille les êtres que, pour y remédier, ils ont inventé l'amour, pacte tacite entre deux malheureux pour se surestimer, pour se louanger sans vergogne. Les fous mis à part, il n'est personne qui soit indifférent à l'éloge ou au blâme ; tant que nous demeurons quelque peu normaux, nous sommes sensibles à l'un et à l'autre ; si nous y devenons réfractaires, que chercher encore au milieu de nos semblables ? Il est sans conteste humiliant de réagir comme eux ; d'autre part, il est dur de s'élever au-dessus de toutes ces misères qui les harassent et qui les comblent. Être homme n'est pas une solution, ni non plus cesser de l'être.

Le moindre saut hors du monde gêne notre volonté de nous réaliser, de surpasser et d'écraser les autres. La malchance de l'ange vient de ce qu'il n'ait pas à se débattre pour accéder à la gloire : il y est né, il s'y prélasse, elle lui est consubstantielle. Que peut-il souhaiter dès lors ? La ressource même de s'inventer des désirs lui fait défaut. Si produire et exister se confondent, il n'est guère de condition plus irréelle ni plus désolante que la sienne.

Jouer au détachement, quand on n'y est pas prédestiné, est dangereux : on y perd plus d'un défaut enrichissant, nécessaire à l'accomplissement d'une œuvre. Dépouiller le vieil homme, c'est nous priver de notre propre fonds, c'est nous enfoncer de plein gré dans l'impasse de la pureté. Sans l'apport de notre passé, de notre fange, de notre corruption tant récente qu'originelle, l'esprit chôme. Malheur à celui qui ne sacrifie pas son salut !

Puisque tout ce qui se fait d'important, de grand, d'inouï, émane du désir de gloire, que se passe-t-il quand il s'affaiblit ou s'éteint, et que nous éprouvons la honte d'avoir voulu compter aux yeux des autres ? Pour comprendre comment nous pouvons en arriver là, reportons-nous à ces moments où s'effectue une véritable neutralisation de nos instincts. Nous sommes toujours en vie, mais cela ne nous importe plus guère : une constatation dépourvue d'intérêt ; vérité, mensonge — mots sans plus, qui se valent, qui ne recouvrent rien. Ce qui est, ce qui n'est pas — comment le savoir, quand nous avons dépassé ce stade où l'on prend encore la peine de hiérarchiser les apparences ? Nos besoins, nos désirs sont parallèles à nous, et nos rêves, ce n'est plus nous qui les rêvons, quelqu'un d'autre les rêve en nous. Notre peur elle-même n'est plus la nôtre. Non qu'elle diminue, elle augmente plutôt, mais elle cesse de nous concerner ; puisant dans ses propres ressources, elle mène, affranchie, hautaine, une existence autonome ; nous lui servons seulement de support, de domicile, d'*adresse*, nous la logeons : un point c'est tout. Elle vit à part, se développe et s'épanouit, et fait des siennes sans jamais nous consulter. Nullement fâchés, nous l'abandonnons à ses lubies, la troublons aussi peu qu'elle nous trouble, et assistons, désabusés et impassibles, au spectacle qu'elle nous offre.

De même qu'il nous est loisible de faire par l'imagination le chemin inverse de celui qu'a parcouru la vie et de retraverser ainsi les espèces, de même nous pouvons, en suivant à rebours le cours de l'histoire, rejoindre ses commencements et aller même au delà. Cette rétrogradation devient une nécessité chez celui qui, arraché à la tyrannie de l'opinion, n'appartient plus à aucune époque. Aspirer à la considération, cela se défend à la rigueur ; mais quand il n'y a *personne* devant qui on veuille faire bonne figure, pourquoi s'épuiser à être quelqu'un, pourquoi même s'épuiser à être ?

Après avoir souhaité que notre nom soit gravé autour du soleil, nous tombons dans l'autre extrême, et formons des vœux pour qu'il soit rayé de partout et qu'il disparaisse à jamais. Notre impatience de nous affirmer n'avait-elle connu aucune limite ? celle de nous effacer n'en connaîtra pas davantage. Poussant jusqu'à l'héroïsme la volonté d'abdication, nous employons nos énergies à l'accroissement de notre obscurité, à la destruction de la moindre trace de notre passage, du moindre souvenir de notre souffle. Nous haïssons quiconque s'attache à nous, compte sur nous ou attend quelque chose de nous. La seule concession que nous puissions encore faire aux autres est de les décevoir. De toute façon, ils ne pourront comprendre notre désir d'échapper au surmenage du moi, de nous arrêter au seuil de la conscience et de n'y jamais pénétrer, de nous tapir au plus profond du silence primordial, dans la béatitude inarticulée, dans la douce stupeur où gisait la création, avant le fracas du verbe. Ce besoin de nous cacher, de fausser compagnie à la lumière, d'être le dernier en tout, ces emportements de modestie où, rivalisant avec les taupes, nous les accusons d'ostentation, cette nostalgie de l'inéclos et de l'innommé, — autant de modalités de liquider l'acquis de l'évolution pour retrouver, par un bond en arrière, l'instant qui précéda l'ébranlement du devenir.

Quand on se fait une haute idée de l'effacement et que l'on considère avec mépris le mot du moins *effacé* des modernes : « Toute ma vie j'ai tout sacrifié, tranquillité, intérêt, bonheur, à ma destinée » — ce n'est pas sans satisfaction que l'on se figure, à l'antipode, l'acharnement du détrompé qui, pour ne point laisser de traces, oriente ses entreprises vers un but unique : la suppression de son identité, la volatilisation de son moi. Si véhément est son désir de passer inaperçu qu'il érige l'Insignifiance en système, en divinité, et qu'il s'agenouille devant elle. Ne plus exister pour personne, vivre comme si on n'avait jamais vécu, bannir l'événement, ne se prévaloir plus d'aucun instant ni d'aucun lieu, se désassujettir pour toujours ! Être libre, c'est s'émanciper de la quête d'un destin, c'est renoncer à faire partie et des élus et des réprouvés ; être libre, c'est s'exercer à n'être rien.

Celui qui a donné tout ce qu'il pouvait donner offre un spectacle plus affligeant que celui qui, n'ayant pu ni voulu se signaler, meurt avec tous ses dons, réels ou supposés, avec ses capacités inexploitées et ses mérites non reconnus : la carrière qu'il eût pu faire, se prêtant à des versions multiples, flatte le jeu de notre imagination ; c'est dire qu'il est encore vivant, alors que le premier, figé dans sa réussite, accompli et hideux, évoque un cadavre. Dans tous les domaines, ceux-là seuls nous intriguent qui, soit défaillance, soit scrupule, ont retardé indéfiniment le moment où il leur fallait se résoudre à exceller. Leur avantage sur les autres est d'avoir compris que l'on ne se réalise pas impunément, qu'il faut payer pour tout geste qui s'ajoute au pur fait de vivre. La nature abhorre les talents que nous avons acquis à ses dépens, elle abhorre même ceux qu'elle nous a dispensés et que nous avons cultivés indûment, elle punit le zèle, ce chemin de perdition, et nous avertit que c'est toujours à notre détriment que nous nous efforçons de nous illustrer. Est-il rien de plus funeste qu'une surabondance de qualités, qu'un entassement de mérites ? Entretenons nos déficiences, n'oublions pas que l'on périt plus aisément par les excès d'une vertu que par ceux d'un vice.

S'estimer *connu* de Dieu, rechercher sa complicité et ses adulations, mépriser tous les suffrages sauf les siens, — quelle présomption et quelle force ! Il n'est que la religion pour satisfaire pleinement nos bons comme nos mauvais penchants.

Entre un homme qu'aucun « royaume » n'ignore, et un déshérité qui n'a que sa foi, lequel des deux, dans l'absolu, atteint à un plus grand rayonnement ? On ne saurait mettre en balance l'idée que Dieu consent à avoir de nous avec celle que s'en font nos semblables. Sans la volonté d'être *apprécié* là-haut, sans la certitude d'y jouir d'une certaine renommée, il n'y aurait pas d'oraison. Le mortel qui a prié sincèrement, ne fût-ce qu'une seule fois dans sa vie, a touché à la forme suprême de la gloire. Quelle autre réussite escomptera-t-il désormais ? Parvenu au sommet de sa carrière, sa mission ici-bas remplie, il pourra se reposer tranquillement pour le restant de ses jours.

Le privilège d'être connu de Dieu peut apparaître à certains insuffisant. Ainsi en jugea en tout cas notre premier ancêtre qui, las d'une célébrité passive, se mit en tête d'en imposer aux créatures, et au créateur même dont il jalousait moins l'omniscience que la pompe, le côté parade, le *clinquant*. Inconsolé d'avoir à jouer un rôle de second ordre, il se lança par dépit et cabotinage dans une suite de performances épuisantes, dans l'histoire, cette entreprise non pas tant pour supplanter la divinité que pour l'*éblouir*.

Si nous voulons avancer dans la connaissance de nous-mêmes, personne ne peut nous y aider autant que le vantard : il se comporte comme nous le ferions si ne nous retenaient des restes de timidité et de pudeur ; il dit tout haut ce qu'il pense de lui, il clame ses mérites, tandis que, faute d'audace, nous sommes condamnés à murmurer ou à taire les nôtres. A l'entendre s'extasier pendant des heures sur ses faits et gestes, on frémit à l'idée qu'il suffirait d'un rien pour que chacun en fît autant.

Comme il se préfère à l'univers ouvertement, et non en cachette à la manière de nous autres, il n'a aucune raison de jouer à l'incompris ou au réprouvé. Puisque nul ne veut s'occuper de ce qu'il est ni de ce qu'il vaut, il y pourvoira lui-même. Dans les jugements qu'il portera sur soi, point de restriction, d'insinuation ni de nuance. Il est satisfait, comblé, il a trouvé ce que tous poursuivent, ce que peu rencontrent.

Combien est à plaindre en revanche celui qui n'ose célébrer ses avantages et ses talents ! Il exècre quiconque n'en fait pas cas et il s'exècre de ne pouvoir les exalter ou tout au moins exhiber. La barrière des préjugés enlevée, la fanfaronnade, tolérée enfin et même obligatoire, quelle délivrance n'en résulterait-il pas pour les esprits ! La psychiatrie n'aurait plus d'objet s'il nous était loisible de divulguer l'immense bien que nous pensons de nous ou si nous avions à n'importe quelle heure du jour un flatteur sous la main. Pour heureux que soit le vantard, son bonheur n'est cependant pas sans faille : il ne trouve pas toujours quelqu'un disposé à l'écouter ; et ce qu'il peut éprouver quand il est réduit au silence, mieux vaut n'y pas songer.

Si remplis de nous-mêmes que nous soyons, nous vivons dans une aigreur inquiète, à laquelle nous ne pourrions échapper que si les pierres elles-mêmes, dans un mouvement de pitié, se décidaient à nous encenser. Tant qu'elles s'obstineront dans le mutisme, il ne nous reste qu'à patauger dans le tourment, qu'à nous gorger de notre fiel.

Si l'aspiration à la gloire prend de plus en plus une forme haletante, c'est qu'elle s'est substituée à la croyance à l'immortalité. La disparition d'une chimère aussi invétérée que légitime devait laisser dans les esprits un désarroi, en même temps qu'une attente mêlée de frénésie. Un simulacre de pérennité, personne ne peut s'en passer, encore moins s'interdire de le chercher partout, dans n'importe quelle forme de réputation, à commencer par la littéraire. Depuis que la mort apparaît à chacun comme un terme absolu, *tout le monde écrit*. D'où l'idolâtrie du succès, et, par voie de conséquence, l'asservissement au *public*, puissance pernicieuse et aveugle, fléau du siècle, version immonde de la Fatalité.

Avec l'éternité à l'arrière-plan, la gloire pouvait avoir un sens ; elle n'en a plus aucun dans un monde où règne le temps, où, surcroît de malchance, le temps même est *menacé*. La fragilité universelle, qui affectait tant les Anciens, nous l'acceptons comme une évidence qui ne nous frappe ni ne nous afflige, et c'est d'un cœur joyeux que nous nous cramponnons aux certitudes d'une célébrité précaire et nulle. Ajoutons encore que si, aux époques où l'homme était rare, il pouvait y avoir quelque intérêt à être quelqu'un, il n'en va plus de même maintenant qu'il est dévalorisé. Sur une planète envahie par la chair, à la considération de qui tenir encore, quand l'idée du prochain s'est vidée de tout contenu et qu'on ne saurait aimer la masse humaine ni en gros ni en détail ? Vouloir seulement s'y distinguer, c'est déjà un symptôme de mort spirituelle. L'horreur de la gloire procède de l'horreur des hommes : interchangeables, ils justifient par leur nombre l'aversion qu'on nourrit pour eux. Le moment n'est pas loin où il faudra se trouver en état de grâce pour pouvoir, non les aimer, cela est impossible, mais en supporter simplement la vue. Au temps où des pestes providentielles nettoyaient les cités, l'individu, en sa qualité de survivant, inspirait à juste titre quelque respect : c'était encore un *être*. Il n'y a plus d'êtres, il n'y a que ce pullulement de moribonds atteints de longévité, d'autant plus haïssables qu'ils savent si bien organiser leur agonie. Nous leur préférons n'importe quel animal, ne fût-ce que parce qu'il est pourchassé par eux, spoliateurs et profanateurs du paysage qu'ennoblissait autrefois la présence des bêtes. Le paradis, c'est l'absence de l'homme. Plus nous en prenons conscience, moins nous excusons le geste d'Adam : entouré d'animaux, que pouvait-il souhaiter d'autre ? et comment a-t-il méconnu le bonheur de n'avoir pas à affronter, à chaque instant, cette ignoble malédiction inscrite sur nos visages ? La sérénité n'étant concevable qu'après l'éclipse de notre race, cessons, en attendant, de nous martyriser pour des vétilles, tournons nos regards ailleurs, vers cette partie de nous sur laquelle nul n'a de prise. Nous changeons de perspective sur les choses lorsque, dans une confrontation avec notre solitude la plus secrète, nous découvrons qu'il n'y a de réalité qu'au plus profond de nous et que tout le reste est leurre. Qui s'est pénétré de cette vérité, que peuvent lui accorder les autres qu'il n'ait déjà, et que lui retirer qui soit de nature à l'attrister ou à l'humilier ? Point d'affranchissement sans triomphe sur la honte et sur la peur de la honte. Le vainqueur des apparences, à jamais soustrait à leurs séductions, doit se rendre supérieur non seulement aux honneurs, mais encore à l'honneur même. Sans prêter la moindre attention au mépris de ses semblables, il saura promener, au milieu d'eux, une fierté de dieu discrédité...

Quel soulagement n'éprouve-t-on pas lorsqu'on se croit inaccessible à la louange et au blâme, et qu'on ne tient plus à faire bonne ou mauvaise figure aux yeux de personne ! Étrange soulagement, ponctué de moments d'oppression, délivrance doublée de malaise.

Si loin que nous ayons poussé l'apprentissage du détachement, nous ne pouvons dire cependant où nous en sommes avec le désir de gloire : le ressentons-nous encore ou y sommes-nous tout à fait insensibles ? Le plus probable est que nous l'avons escamoté et qu'il continue à nous harceler à notre insu. Nous n'en triomphons que dans ces instants d'abattement souverain où les vivants ni les morts ne pourraient se reconnaître en nous... Dans le reste de nos expériences, les choses sont moins simples, car tant qu'on désire on désire implicitement la gloire. Même revenus de tout, nous la souhaitons encore, puisque l'appétit que nous en avons survit à l'évanouissement de tous les autres. Qui l'a goûtée pleinement, qui s'y est roulé, ne pourra jamais s'en passer, et, faute de la connaître toujours, tombera dans l'acrimonie, l'insolence ou la torpeur. Plus nos déficiences s'accusent, plus elle gagne en relief et nous attire ; le vide en nous l'appelle ; et, quand elle ne répond pas, nous en acceptons l'ersatz : la notoriété. A mesure que nous y aspirons, nous nous débattons dans l'insoluble : nous voulons vaincre le temps avec les moyens du temps, durer dans l'éphémère, atteindre à l'indestructible à travers l'histoire, et, comble de dérision, nous faire applaudir par ceux-là mêmes que nous vomissons. Notre malheur est de n'avoir trouvé, pour remédier à la perte de l'éternité, que cette duperie, que cette lamentable hantise, dont pourrait se dégager celui-là seul qui s'implanterait dans l'être. Mais qui est capable de s'y implanter, quand on n'est *homme* que parce qu'on ne peut y réussir ?

Croire à l'histoire, c'est convoiter le possible, c'est postuler la supériorité qualitative de l'imminent sur l'immédiat, c'est se figurer que le devenir est assez riche par lui-même pour rendre l'éternité superflue. Que l'on cesse d'y croire, aucun événement ne conserve la moindre portée. On ne s'intéresse plus alors qu'aux extrémités du Temps, moins à ses débuts qu'à son achèvement, à sa consommation, à ce qui viendra après lui, quand le tarissement de la soif de gloire entraînera celui des appétits, et que, libre de l'impulsion qui le poussait en avant, déchargé de son aventure, l'homme verra s'ouvrir devant lui une *ère sans désir*.

S'il nous est interdit de recouvrer l'innocence primordiale, en revanche nous pouvons en imaginer une autre et essayer d'y accéder grâce à un savoir dépourvu de perversité, purifié de ses tares, changé en profondeur, « repenti ». Une telle métamorphose équivaudrait à la conquête d'une seconde innocence, laquelle, survenue après des millénaires de doute et de lucidité, aurait sur la première l'avantage de ne plus se laisser prendre aux prestiges, maintenant usés, du Serpent. La disjonction entre science et chute une fois opérée, l'acte de connaître ne flattant plus la vanité de personne, aucun plaisir démoniaque n'accompagnerait encore l'indiscrétion forcément agressive de l'esprit. Nous nous comporterions comme si nous n'avions violé aucun mystère, et envisagerions nos exploits de tout ordre avec éloignement, sinon avec mépris. Il s'agirait ni plus ni moins que de *recommencer la Connaissance*, c'est-à-dire d'édifier une autre histoire, une histoire dégrevée de l'ancienne malédiction, et où il nous fût donné de retrouver cette marque divine que nous portions avant la rupture avec le reste de la création. Nous ne pouvons vivre avec le sentiment d'une faute totale, ni avec ce cachet d'infamie sur chacune de nos entreprises. Comme c'est notre corruption qui nous fait sortir de nous-mêmes, qui nous rend efficaces et féconds, l'empressement à produire nous dénonce, nous accuse. Si nos œuvres témoignent contre nous, n'est-ce point parce qu'elles émanent du besoin de camoufler notre déchéance, de tromper autrui, et, plus encore, de nous tromper nous-mêmes ? Le *faire* est entaché d'un vice originel dont l'*être* semble exempt. Et puisque tout ce que nous accomplissons procède de la perte de l'innocence, ce n'est que par le désaveu de nos actes et le dégoût de nous-mêmes que nous pouvons nous racheter.

Sur la maladie

Quels que soient ses mérites, un bien portant déçoit toujours. Impossible d'accorder le moindre crédit à ses dires, d'y voir autre chose que prétextes ou acrobaties. L'expérience du terrible, qui seule confère une certaine épaisseur à nos propos, il ne la possède pas, comme il ne possède pas davantage l'imagination du malheur, sans laquelle nul ne saurait communiquer avec ces êtres *séparés* que sont les malades ; il est vrai que s'il la possédait il cesserait de se bien porter. N'ayant rien à transmettre, neutre jusqu'à l'abdication, il s'affaisse dans la santé, état de perfection insignifiant, d'imperméabilité à la mort comme au reste, d'inattention à soi et au monde. Tant qu'il y demeure, il est pareil aux objets ; dès qu'il en est arraché, il s'ouvre à tout et sait tout : omniscience de l'effroi.

Chair qui s'émancipe, qui se rebelle et ne veut

plus servir, la maladie est l'*apostasie des organes* ; chacun entend faire cavalier seul, chacun, brusquement ou par degrés, cessant de jouer le jeu, de collaborer avec les autres, se lance dans l'aventure et le caprice. Pour que la conscience atteigne à une certaine intensité, il faut que l'organisme pâtisse et même qu'il se désagrège : la conscience, à ses débuts, est conscience des organes. Bien portants, nous les ignorons ; c'est la maladie qui nous les révèle, qui nous fait comprendre leur importance et leur fragilité, ainsi que notre dépendance à leur égard. L'insistance qu'elle met à nous rappeler à leur réalité a quelque chose d'inexorable ; nous avons beau vouloir les oublier, elle ne nous le permet pas ; cette impossibilité de l'oubli, où s'exprime le drame d'avoir un corps, remplit l'espace de nos veilles. Pendant le sommeil, nous participons à l'anonymat universel, nous sommes *tous les êtres* ; que la douleur nous réveille et nous secoue, il n'y a plus que nous-même, seul à seul avec notre mal, avec les mille pensées qu'il suscite en nous et contre nous. « Malheur à cette chair qui dépend de l'âme et malheur à cette âme qui dépend de la chair ! » — c'est au cœur de certaines nuits que nous saisissons toute la portée de cette parole de l'*Évangile selon Thomas*. La chair boycotte l'âme, l'âme boycotte la chair ; funestes l'une à l'autre, elles sont incapables de cohabiter, d'élaborer en commun un mensonge salutaire, une fiction d'envergure.

Plus la conscience s'accroît à la faveur de nos malaises, plus nous devrions nous sentir libres. C'est l'inverse qui est vrai. A mesure que nos infirmités s'accumulent, nous tombons à la merci de notre corps, dont les lubies équivalent à autant d'arrêts. C'est lui qui nous dirige et nous régente, c'est lui qui nous dicte nos humeurs ; il nous surveille, nous guette, il nous tient en tutelle ; et, pendant que nous nous plions à ses volontés et que nous subissons une servitude aussi humiliante, nous comprenons pourquoi, bien portants, nous répugnons à l'idée de fatalité : c'est qu'alors, notre corps, se signalant à peine, nous n'en percevons pratiquement pas l'existence. Si, dans la santé, les organes sont discrets, dans la maladie, impatients de se faire remarquer, ils entrent en concurrence, et c'est à qui attirera le plus notre attention. Celui qui l'emporte ne conserve l'avantage qu'en faisant du zèle ; mais il s'use à la tâche, et c'est ainsi qu'un autre plus entreprenant et plus vigoureux viendra le relever. De cette rivalité, le fâcheux est qu'on soit forcé d'être l'objet et le témoin.

Comme tout facteur de déséquilibre, la maladie désengourdit, fouette, et apporte un élément de tension et de conflit. La vie, c'est un soulèvement à l'intérieur de l'inorganique, un essor tragique de l'inerte, la vie, c'est de la matière animée et, il faut bien le dire, ruinée par la douleur. A tant d'agitation, à tant de dynamisme et d'affairement, on n'échappe qu'en aspirant au repos de l'inorganique, à la paix au sein des éléments. La volonté de retourner à la matière fait le fond même du désir de mourir. Au contraire, avoir peur de la mort, c'est craindre ce retour, c'est fuir le silence et l'équilibre de l'inerte, l'équilibre surtout. Rien de plus naturel : il s'agit là d'une réaction de vie, et tout ce qui participe de la vie est, au propre et au figuré, *déséquilibré*.

Chacun de nous est le produit de ses maux passés et, *s'il est anxieux*, de ses maux à venir. A la maladie vague, indéterminée, d'être homme, s'en ajoutent d'autres, multiples et précises, qui toutes surgissent pour nous annoncer que la vie est un état d'insécurité absolu, qu'elle est provisoire par essence, qu'elle représente un mode d'existence accidentel. Mais si la vie est un accident, l'individu est l'accident d'un accident.

Il n'y a pas de guérison, ou plutôt toutes les maladies dont nous avons « guéri », nous les portons en nous et elles ne nous quittent jamais. Incurables ou non, elles sont là pour empêcher que la douleur ne se résolve en une sensation diffuse : elles l'étoffent, l'organisent, la réglementent... On les a appelées les « idées fixes » des organes. Elles font penser en effet à des organes en proie à l'obsession, hors d'état de s'y soustraire, livrés à des troubles orientés, prévisibles, assujettis à un cauchemar méthodique, aussi monotone qu'une hantise.

Tel est l'automatisme de la maladie qu'elle ne peut rien concevoir en dehors d'elle-même. Enrichissante à ses premières manifestations, elle se répète ensuite forcément, sans devenir pour autant, comme l'ennui, symbole d'invariabilité et de stérilité. Encore faut-il ajouter qu'à partir d'un certain moment elle n'apporte plus rien à celui qui souffre sinon la confirmation quotidienne de l'impossibilité où il est de ne pas souffrir.

Tant qu'on se porte bien, on n'existe pas. Plus exactement : on ne sait pas qu'on existe. Le malade soupire après le néant de la santé, après l'ignorance d'être : il est exaspéré de savoir à chaque instant qu'il a *tout* l'univers en face, sans nul moyen d'en faire partie, de s'y perdre. Son idéal serait de tout oublier, et, déchargé de son passé, de se réveiller un beau jour, nu devant l'avenir. « Je ne peux plus rien entreprendre, *à partir* de moi-même. Plutôt éclater ou me dissoudre que de continuer ainsi », se dit-il. Il envie, méprise ou hait le reste des mortels, les bien portants en tout premier lieu. La douleur invétérée, loin de purifier, fait sortir tout ce qu'un être a de *mauvais*, au physique et au moral. Règle de conduite : se méfier des souffrants, redouter quiconque a gardé longtemps le lit. Le désir secret du malade est que tout le monde soit malade, et de l'agonisant que tout le monde soit à l'agonie. Ce que nous souhaitons dans nos épreuves, c'est que les autres soient aussi malheureux que nous : pas plus, juste autant. Car il ne faut pas s'y tromper : la seule égalité qui nous importe, la seule aussi dont nous soyons capables, c'est l'égalité dans l'enfer.

On peut déposséder l'homme, on peut tout lui enlever, il s'en arrangera d'une manière ou d'une autre. A une seule chose pourtant, il ne faut pas toucher, car si on l'en prive, il sera perdu sans rémission : la faculté, mieux : la volupté de se plaindre. Si vous la lui ôtez, il ne prendra plus aucun intérêt ni aucun plaisir à ses maux. Il s'en accommode tant qu'il peut en parler et les étaler, tant surtout qu'il peut en faire le récit à ses prochains pour les châtier de ne pas les éprouver, d'en être momentanément exempts. Et quand il se plaint il sous-entend : « Attendez un peu, votre tour ne manquera pas de venir, vous n'y échapperez pas. » Tous les malades sont des sadiques ; mais leur sadisme est *acquis* ; c'est là leur seule excuse.

Céder, au milieu de nos maux, à la tentation de croire qu'ils ne nous auront servi à rien, que, sans eux, nous serions infiniment plus avancés, c'est oublier le double aspect de la maladie : *anéantissement* et *révélation* ; elle ne nous enlève à nos apparences et ne les détruit que pour mieux nous ouvrir à notre ultime réalité, et quelquefois à l'invisible. D'un autre côté, on ne saurait nier que chaque malade ne soit un tricheur à sa façon. S'il se penche sur ses infirmités et s'en occupe avec tant de minutie, c'est pour ne pas penser à la mort ; il l'escamote *en se soignant*. Elle n'est regardée en face que par ceux, rares à la vérité, qui, ayant compris les « inconvénients de la santé », dédaignent de prendre des mesures pour la conserver ou la reconquérir. Ils se laissent doucement mourir, au rebours des autres, qui s'agitent et s'affairent, et croient échapper à la mort parce qu'ils *n'ont pas le temps* d'y succomber.

Dans l'équilibre de nos facultés, il nous est impossible de percevoir d'autres mondes ; au moindre désordre, nous nous y élevons et les *sentons*. C'est comme si, dans le réel, une fissure s'était opérée à travers laquelle nous entrevoyons un mode d'existence à l'antipode du nôtre. Cette ouverture, si improbable soit-elle objectivement, nous hésitons cependant à la réduire à un simple accident de notre esprit. Tout ce que nous percevons a une valeur de réalité, dès l'instant que l'objet perçu, fût-il imaginaire, s'incorpore à notre vie. Les anges, pour celui qui ne peut se dispenser d'y songer, existent bel et bien. Mais quand il les voit, quand il se figure qu'ils le visitent, quelle révolution dans tout son être, quelle crise ! Jamais un bien portant ne pourrait sentir leur présence, ni s'en faire une idée exacte. Les imaginer, c'est courir à sa perte ; les voir, les toucher, c'est être perdu. Dans certaines tribus, on dit de celui qui est en proie aux convulsions : « Il a les dieux. » — « Il a les anges », devrait-on dire de celui qui est rongé par des terreurs secrètes.

Être livré aux anges ou aux dieux, passe encore ; le pire est de s'estimer, pendant de longues périodes, l'homme le plus normal qui fut jamais, exempt des tares qui affligent les autres, soustrait aux conséquences de la chute, inaccessible à la malédiction, un homme sain à tous égards, dominé à chaque moment par l'impression de s'être égaré dans une foule de maniaques et de pestiférés. Comment guérir de l'obsession de l'absolue « normalité », comment faire pour être un sauvé ou un déchu *quel-*

conque ? La nullité, l'abjection, n'importe quoi, plutôt que cette perfection maléfique !

Si l'homme a pu fausser compagnie aux animaux, c'est qu'il était sans doute plus exposé et plus réceptif aux maladies qu'eux. Et s'il réussit à se maintenir dans son état actuel, c'est parce qu'elles ne cessent de l'y aider ; elles l'entourent plus que jamais et se multiplient, afin qu'il ne se croie ni seul ni déshérité ; elles veillent pour qu'il prospère, pour qu'à aucun moment il n'ait le sentiment qu'on ne le pourvoie pas en tribulations.

Sans la douleur, l'auteur de la *Voix souterraine* l'a bien vu, il n'y aurait pas de conscience. Et la douleur, qui affecte tous les vivants, est l'unique indice qui permette de supposer que la conscience n'est pas l'apanage de l'homme. Infligez quelque torture à une bête, contemplez l'expression de son regard, vous y percevrez un *éclair* qui la projette pour un instant au-dessus de son état. Quelle qu'elle soit, dès qu'elle souffre, elle fait un pas vers nous, elle s'efforce de nous rejoindre. Et il est impossible, pendant la durée de son mal, de lui refuser un degré, si minime soit-il, de conscience.

Conscience n'est pas lucidité. La lucidité, monopole de l'homme, représente l'aboutissement du processus de rupture entre l'esprit et le monde ; elle est nécessairement conscience de la conscience, et si nous nous distinguons des bêtes, c'est à elle seule qu'en revient le mérite ou la faute.

Point de douleur *irréelle* : la douleur existerait même si le monde n'existait pas. Quand il serait démontré qu'elle n'a aucune utilité, nous pourrions encore lui en trouver une : celle de projeter quelque substance dans les fictions qui nous environnent. Sans elle, nous serions tous des fantoches, sans elle nul contenu nulle part ; par sa simple présence, elle transfigure n'importe quoi, même un concept. Tout ce qu'elle touche est promu au rang de souvenir ; elle laisse des traces dans la mémoire que le plaisir effleure seulement : un homme qui a souffert est un homme *marqué* (comme on dit d'un débauché qu'il est marqué, à juste titre puisque la débauche est souffrance). Elle donne une cohérence à nos sensations et une unité à notre moi, et demeure, une fois abolies nos certitudes, le seul espoir d'échapper au naufrage métaphysique. Faut-il maintenant aller plus loin et, en lui conférant un statut impersonnel, soutenir, avec le bouddhisme, qu'elle seule existe, qu'il n'y a pas de souffrant ? Si elle possède le privilège de subsister par elle-même, et que le « soi » se ramène à une illusion, on se demande alors *qui* souffre et quel sens peut bien avoir ce déroulement mécanique à quoi elle est réduite. On dirait que le bouddhisme ne la découvre partout que pour mieux la déprécier. Mais nous autres, même quand nous admettons qu'elle existe indépendamment de nous, nous ne pouvons nous imaginer sans elle ni la séparer de nous-mêmes, de notre *être*, dont elle est la substance, voire la cause. Comment concevoir une sensation *comme telle*, sans le support du « je », comment nous figurer une souffrance qui ne soit pas « nôtre » ? Souffrir c'est être totalement soi, c'est accéder à un état de non-coïncidence avec le monde, car la souffrance est *génératrice d'intervalles ;* et, quand elle nous tenaille, nous ne nous identifions plus avec rien, même pas avec elle ; c'est alors que, doublement conscients, nous veillons sur nos veilles.

En dehors des maux que nous subissons, qui s'abattent sur nous et dont nous nous accommodons plus ou moins, il en est d'autres, que nous souhaitons autant par instinct que par calcul : une soif insistante les appelle, comme si nous avions peur que, cessant de souffrir, il n'y eût rien à quoi nous accrocher. Nous avons besoin d'une donnée rassurante, nous attendons qu'on nous apporte la preuve que nous touchons à du solide, que nous ne sommes pas en pleine divagation. La douleur, n'importe laquelle, remplit ce rôle, et, quand nous l'avons sous la main, nous savons avec certitude que quelque chose existe. A la flagrante irréalité du monde, on ne peut opposer que des *sensations* ; ce qui explique pourquoi, lorsqu'on se persuade que rien ne comporte le moindre fondement, on s'agrippe à tout ce qui offre un contenu positif, à tout ce qui fait souffrir. Celui qui est passé par le Vide verra dans chaque sensation douloureuse un secours providentiel, et ce qu'il redoutera le plus c'est de la dévorer, de l'épuiser trop vite et de retomber dans l'état de dépossession et d'absence dont elle l'avait tiré. Comme il vit dans un déchirement stérile, il connaît jusqu'à la satiété le malheur de se tourmenter sans tourments, de souffrir sans souffrances ; et c'est ainsi qu'il rêve d'une suite d'épreuves déterminées, exactes, qui le délivre de ce vague intolérable, de cette vacance crucifiante, où rien n'est profitable, où l'on avance en pure perte, selon le rythme d'un long et insubstantiel supplice. Le Vide, impasse *infinie*, aspire à se fixer des bornes, et c'est par avidité d'une limite qu'il se jette sur la première douleur venue, sur toute sensation susceptible de l'arracher aux transes de l'indéfini. C'est que la douleur, circonscrite, ennemie du flou, est toujours chargée d'un sens, fût-il négatif, alors que le Vide, trop vaste, ne saurait en contenir aucun.

Les maux qui nous submergent, les maux involontaires, sont de loin plus fréquents et plus réels que les autres ; ce sont ceux aussi devant lesquels nous nous trouvons le plus démunis : les accepter ? les fuir ? nous ne savons comment réagir, et pourtant cela seul importerait. Pascal avait raison de ne pas s'étendre sur les maladies, mais sur l'*usage* qu'on doit en faire. Il est cependant impossible de le suivre lorsqu'il nous assure que « les maux du corps ne sont autre chose que la punition et la figure tout ensemble des maux de l'âme ». L'affirmation est si gratuite que, pour la démentir, on n'a qu'à regarder autour de soi : de toute évidence, la maladie frappe indistinctement l'innocent et le coupable, elle montre même une prédilection visible pour l'innocent ; ce qui est du reste dans l'ordre, l'innocence, la pureté intérieure, supposant presque toujours une complexion faible. Décidément, la Providence ne se met pas en frais pour les délicats. Causes, bien plutôt que reflets, de nos maux spirituels, nos maux physiques déterminent notre vision des choses et décident de la direction que prendront nos idées. La formule de Pascal est vraie, à condition de la renverser.

Nulle trace de nécessité morale ni d'équité dans la distribution des biens et des maux. Faut-il s'en irriter et tomber dans les exagérations d'un Job ? Il est oiseux de se révolter contre la douleur. D'autre part, la résignation n'est plus de mise : ne refuse-t-elle pas de flatter et d'embellir nos misères ? On ne dépoétise pas l'enfer impunément. Elle n'est pas seulement inactuelle, elle est encore condamnée : c'est une vertu qui ne répond à aucune de nos faiblesses.

Dès qu'on s'adonne à une passion, noble ou sordide, peu importe, on est sûr de passer de tourment en tourment. L'aptitude même à en éprouver une montre bien qu'on est prédestiné à souffrir. On n'aime que parce qu'inconsciemment on a renoncé au bonheur. L'adage brahmanique est irréfutable : « Chaque fois que l'on se crée un nouveau lien, c'est une douleur de plus qu'on s'enfonce, comme un clou, dans le cœur. » — Tout ce qui allume notre sang, tout ce qui nous donne l'impression de vivre, d'être dans le coup, tourne inévitablement à la souffrance. Une passion est par elle-même un châtiment. Celui qui s'y livre, se crût-il l'homme le plus comblé, expie par l'anxiété son bonheur réel ou imaginé. La passion prête des dimensions à ce qui n'en a pas, érige en idole ou en monstre une ombre, elle est péché contre le véritable poids des êtres et des choses. Elle est encore cruauté envers autrui et envers soi, puisqu'on ne peut la ressentir sans torturer et se torturer. En dehors de l'insensibilité et, à la rigueur, du mépris, tout est peine, même le plaisir, lui surtout, dont la fonction ne consiste pas à écarter la douleur mais à la *préparer*. En admettant même qu'il ne vise pas si haut et qu'il conduise seulement à la déception, quelle meilleure preuve de ses insuffisances, de son manque d'intensité, d'*existence* ! Il y a effectivement autour de lui un air d'imposture qu'on ne retrouve jamais autour de la douleur ; il promet tout et n'offre rien, il est de la même étoffe que le désir. Or, le désir non satisfait est souffrance ; il n'est *plaisir* que pendant la satisfaction ; et il est déception, une fois satisfait.

Comme c'est par la sensation que le malheur s'est insinué dans le monde, le mieux serait d'anéantir nos sens, et de nous laisser tomber dans une aboulie divine. Quelle plénitude, quelle dilatation, lorsque nous escomptons l'évanouissement de nos appétits ! La quiétude qui se pense indéfiniment elle-même se détourne de tout horizon hostile à cette rumination, de tout ce qui pourrait l'arracher à la douceur de ne rien sentir. Quand nous abhorrons également plaisirs et douleurs, et que nous en sommes las jusqu'au dégoût, ce n'est pas au bonheur, ce n'est pas à une *autre* sensation que nous rêvons, mais à une vie au ralenti, faite d'impressions si imperceptibles qu'elles en paraissent inexistantes. La moindre émotion se ramène alors à un symptôme d'insanité, et dès que nous en éprouvons une, nous nous en alarmons au point de crier au secours.

Tout ce qui nous affecte d'une manière ou d'une autre étant virtuellement souffrance, allons-nous en conclure à la supériorité du minéral sur le vivant ? Dans ce cas, l'unique recours serait de réintégrer au plus tôt l'imperturbabilité des éléments. Encore faudrait-il le pouvoir. N'oublions pas que pour un animal qui a toujours souffert, il est incomparablement plus facile de souffrir que de ne pas souffrir. Et si la condition du saint est plus agréable que celle du sage, la raison en est qu'il en coûte moins de se rouler dans la douleur que d'en triompher par la réflexion ou par l'orgueil.

Puisque nous sommes incapables de vaincre nos maux, il nous revient de les cultiver et de nous y complaire. Cette complaisance eût semblé une aberration aux Anciens, qui n'admettaient pas de volupté supérieure à celle de ne pas souffrir. Moins raisonnables, nous en jugeons différemment, au terme de vingt siècles où la *convulsion* était considérée comme un signe d'avancement spirituel. Accoutumés à un Sauveur tordu, défait, grimaçant, nous sommes inaptes à goûter la désinvolture des dieux antiques, ou l'inépuisable sourire d'un Bouddha, plongé dans une béatitude végétale. Le nirvâna, si on y songe bien, ne semble-t-il pas avoir emprunté aux plantes leur secret essentiel ? Nous n'accédons à la délivrance qu'en prenant comme modèle une forme d'être opposée à la nôtre.

Aimer souffrir c'est s'aimer indûment, c'est ne vouloir rien perdre de ce qu'on est, c'est savourer ses infirmités. Plus nous nous penchons sur les nôtres, plus il nous plaît de ressasser la question : « Comment l'homme a-t-il été possible ? » Dans l'inventaire des facteurs responsables de son surgissement, la maladie vient en tête. Mais pour qu'il pût surgir vraiment, des maux venus d'ailleurs durent s'ajouter aux siens, la conscience étant le couronnement d'un nombre vertigineux d'impulsions retardées et refrénées, de contrariétés et d'épreuves subies par notre espèce, par toutes les espèces. Et l'homme, après avoir tiré profit de cette infinité d'épreuves, s'emploie de son mieux à les justifier, à leur donner un sens. « Elles n'auront pas été inutiles, elles ont préparé et annoncé les miennes, plus diverses et plus intolérables que les vôtres », dit-il à la totalité des êtres vivants pour les consoler de ne pas atteindre à des tourments aussi exceptionnels que les siens.

La plus ancienne des peurs

A PROPOS DE TOLSTOÏ

La nature s'est montrée généreuse envers ceux-là seuls qu'elle a dispensés de songer à la mort. Les autres, elle les a livrés à la plus ancienne et à la plus corrosive des peurs, sans leur offrir ni même suggérer les moyens d'en guérir. S'il est normal de mourir, il ne l'est pas de s'attarder sur la mort ni d'y penser à tout propos. Celui qui n'en détourne jamais son esprit fait preuve d'égoïsme et de vanité ; comme il vit en fonction de l'image que les autres se font de lui, il ne peut accepter l'idée de n'être plus rien un jour ; *l'oubli* étant son cauchemar de chaque instant, il est agressif et bilieux, et ne manque aucune occasion d'étaler ses hargnes et ses mauvaises manières. N'y a-t-il pas quelque inélégance à craindre la mort ? Cette crainte qui ronge les ambitieux n'entame pas les purs ; elle les effleure sans les atteindre. Les autres la subissent avec humeur et en veulent à tous ceux qui ne l'éprouvent guère. Jamais un Tolstoï ne leur pardonnera le bonheur qu'ils ont de ne pas la connaître, et il les punira en la leur infligeant, en la décrivant avec une minutie qui la rend tout ensemble répugnante et contagieuse. Son art consistera à faire de toute agonie l'agonie même et à obliger le lecteur à se répéter, effaré et fasciné : « C'est ainsi que l'on meurt. »

Dans le décor interchangeable, dans le monde convenu où vit Ivan Ilitch, la maladie fait irruption. Tout d'abord il croit qu'il s'agit d'un malaise passager, d'une infirmité sans conséquence ; puis, sous le coup de souffrances de plus en plus précises et bientôt intolérables, finissant par comprendre la gravité de son cas, il perd courage. « A certains moments, après de longues crises douloureuses, si honteux qu'il fût de se l'avouer, il aurait voulu par-dessus tout qu'on le plaignît comme un petit enfant malade. Il avait envie qu'on le caressât, qu'on l'embrassât, qu'on pleurât auprès de lui, ainsi que l'on caresse et que l'on console les enfants. Il savait qu'il était membre de la cour d'appel, qu'il avait une barbe grisonnante et que c'était par conséquent impossible. Mais il en avait cependant envie [1]. » — La cruauté, en littérature tout au moins, est signe d'élection. Plus un écrivain est doué, plus il s'applique à mettre ses personnages dans des situations sans issue ; il les poursuit, il les tyrannise, il les contraint à affronter

1. Traduit par Boris de Schlœzer.

tous les détails de l'impasse ou de l'agonie. Mieux que la cruauté, c'est de la férocité qu'il faut pour insister sur le surgissement de l'incurable au milieu de l'insignifiance, sur la moindre nuance de l'horreur échue à un individu banal qu'investit le fléau. « Mais soudain Ivan Ilitch ressentit de nouveau cette douleur qu'il connaissait bien, sourde, obstinée, persistante, mystérieuse. » Tolstoï, si avare d'adjectifs, en trouve quatre pour caractériser une sensation, douloureuse il est vrai. La chair lui apparaissant comme une réalité fragile et cependant terrifiante, comme la grande pourvoyeuse d'effrois, c'est à juste titre qu'il envisage à partir d'elle le phénomène de la mort. Point de dénouement dans l'absolu, indépendamment de nos organes et de nos maux. Comment s'éteindre à l'intérieur d'un système ? Et comment pourrir ? La métaphysique ne fait aucune place au cadavre. Ni d'ailleurs à l'être vivant. Plus on devient abstrait et impersonnel, que ce soit à cause de concepts ou de préjugés (les philosophes et les esprits ordinaires se meuvent également dans l'irréel), plus la mort prochaine, immédiate, semble inconcevable. Sans la maladie, Ivan Ilitch, esprit ordinaire justement, n'aurait aucun relief, aucune consistance. C'est elle qui, en le détruisant, lui confère une dimension d'être. Bientôt il ne sera plus rien ; avant elle, il n'était rien non plus ; il *est* seulement dans l'intervalle qui s'étend entre le vide de la santé et celui de la mort, il n'existe qu'aussi longtemps qu'il se meurt. Qu'était-il donc auparavant ? Un fantoche épris de simulacres, un magistrat qui croyait à sa profession et à sa famille. Revenu du faux et de l'illusoire, il comprend maintenant que jusqu'à l'apparition de son mal il avait perdu son temps en futilités. Ce qui subsistera de tant d'années ce sont les quelques semaines où il aura souffert et où la maladie lui aura révélé des réalités insoupçonnées avant. *La vraie vie commence et se termine avec l'agonie*, tel est l'enseignement qui se dégage de l'épreuve d'Ivan Ilitch, non moins que de celle de Brékounov dans *Maître et serviteur.* Comme c'est notre perte qui nous sauve, entretenons vive en nous la superstition de nos derniers moments : eux seuls, aux yeux de Tolstoï, nous délivreront de la vieille peur, par eux seuls nous en triompherons. Elle nous envenime, elle est notre plaie ; si nous voulons en guérir, ayons de la patience, *attendons.* Cette conclusion, peu de sages la ratifieront ; car aspirer à la sagesse, c'est vouloir vaincre cette peur-là *sans tarder.*

Si Tolstoï a toujours été préoccupé par la mort, elle ne devint pour lui un problème harassant qu'à partir de la crise qu'il traversa vers la cinquantaine, quand il commença, dans l'affolement, à s'interroger sur le « sens » de la vie. Mais la vie, dès qu'on est obsédé par la signification qu'elle peut bien comporter, se désagrège, s'effrite : ce qui jette une lumière sur ce qu'elle est, sur ce qu'elle vaut, sur sa substance chétive et improbable. Faudra-t-il soutenir avec Gœthe que le sens de la vie réside dans la vie elle-même ? Celui que hante ce problème s'y résoudra difficilement, pour la bonne raison que sa hantise débute précisément par la révélation du *non-sens* de la vie.

On a essayé d'expliquer la crise et la « conversion » de Tolstoï par l'épuisement de ses dons. L'explication ne tient pas debout. Des œuvres de la dernière période, comme *La Mort d'Ivan Ilitch*, *Maître et serviteur*, *Le Père Serge*, *Le Diable*, ont une densité et une profondeur dont n'aurait pu faire preuve un génie tari. Il n'y eut pas tarissement chez lui, mais déplacement du centre d'intérêt. Répugnant à se pencher encore sur la vie extérieure des êtres, il ne voulait plus les considérer qu'à partir du moment où, sujets eux aussi à une crise, ils étaient amenés à rompre avec les fictions où ils avaient vécu jusqu'alors. Dans ces conditions, écrire de grands romans ne lui était plus possible. Le pacte avec les apparences qu'il avait signé en tant que romancier, il le dénonce et le déchire, pour se tourner vers l'*autre* côté des choses. La crise où il entrait n'était cependant pas aussi inattendue ni aussi radicale qu'il le pensait quand il écrivait : « Ma vie s'arrêta. » Loin d'être imprévue, elle représentait en fait l'aboutissement, l'exaspération d'une angoisse dont il avait toujours souffert. (Si *La Mort d'Ivan Ilitch* date de 1886, tous les motifs qui y sont traités se trouvent en germe dans *Trois morts*, qui est de 1859.) Seulement, son angoisse d'avant, naturelle, car dépourvue d'intensité, était tolérable, alors que celle qu'il éprouva après l'était à peine. L'idée de la mort, à laquelle il fut sensible dès son enfance, n'a en soi rien de morbide ; il n'en va pas de même de l'obsession, approfondissement indu de cette idée, qui devient alors funeste à l'exercice de la vie. Cela est vrai sans doute, si on s'incline devant le point de vue de la vie... Mais ne peut-on pas concevoir une exigence de vérité qui, en face de l'ubiquité de la mort, se refuse à toute concession, comme à toute distinction entre normal et maladif ? Si seul compte le fait de mourir, il faut en tirer les conséquences, sans s'embarrasser d'autres considérations. C'est là une position que n'adopteront pas ceux qui ne cessent de se lamenter sur leur « crise », sur un état où, tout à l'opposé, tendent les efforts du véritable solitaire, lequel jamais ne s'abaissera à dire : « Ma vie s'arrêta », car c'est justement ce qu'il cherche, ce qu'il poursuit. Mais un Tolstoï, riche et célèbre, comblé selon le monde, regarde éperdu la dégringolade de ses anciennes certitudes et s'évertue en vain à bannir de son esprit la révélation récente du non-sens qui l'envahit, qui le submerge. Ce qui l'étonne et le déroute dans son cas, c'est que, disposant d'une si grande vitalité (il travaillait, nous dit-il, huit heures par jour sans fatigue et fauchait aussi bien qu'un paysan), il en soit à se servir de ruses pour ne pas se tuer. La vitalité ne constitue guère un obstacle au suicide : tout dépend de la direction qu'elle suit ou qu'on lui imprime. Il constate du reste lui-même que la force qui le poussait à se détruire était semblable à celle qui auparavant l'attachait à la vie, avec cette différence, ajoute-t-il, qu'elle se produisait maintenant *en sens inverse.*

S'attacher à percevoir les lacunes de l'être, courir à sa ruine par excès de lucidité, s'effondrer et se perdre, les anémiques n'en ont pas le privilège ; les natures fortes, pour peu qu'elles entrent en conflit avec elles-mêmes, en sont autrement susceptibles ; elles y apportent toute leur fougue, toute leur frénésie ; ce sont encore elles qui subissent des crises, où il faut voir une punition, car il n'est pas normal qu'elles consacrent leur énergie à se dévorer. Ont-elles atteint le faîte de leur carrière ? elles étoufferont sous le poids des questions insolubles ou tomberont en proie à un vertige, stupide en apparence, légitime et essentiel au fond, tel que celui qui s'empara de Tolstoï lorsque, en plein désarroi, il se répétait jusqu'à l'hébétude : *A quoi bon ?* ou *Et puis après ?*

Qui a fait une expérience analogue à celle de l'Ecclésiaste s'en souviendra toujours ; les vérités qu'il y aura puisées sont irréfutables autant qu'impraticables : des banalités, des évidences destructrices d'équilibre, des lieux communs *qui rendent fou*. Cette intuition de l'inanité qui jure si heureusement avec les espérances entassées dans l'Ancien Testament, personne ne l'a eue, dans le monde moderne, aussi distinctement que Tolstoï. Même lorsqu'il s'érigera plus tard en réformateur, il ne pourra *répondre* à Salomon, l'être avec lequel il a le plus de points communs : n'étaient-ils pas, l'un et l'autre, de grands sensuels aux prises avec un dégoût universel ? C'est là un conflit sans issue, une contradiction de tempérament, d'où dérive peut-être la vision de la Vanité. Plus nous sommes portés à jouir de tout, plus le dégoût s'acharne à nous en empêcher, et ses interventions seront d'autant plus vigoureuses que notre avidité de plaisirs aura été plus impatiente. « Tu ne jouiras de rien ! » tel est l'ordre qu'il nous intime en toute rencontre, en toute occasion d'oubli. Exister n'a de saveur que si on se maintient dans un enivrement gratuit, dans cet état d'ébriété, faute duquel l'être ne possède rien de positif. Quand Tolstoï nous assure qu'avant sa crise il était « ivre de la vie », ce qu'il faut entendre par là c'est qu'il *vivait* tout bonnement, c'est-à-dire qu'il était grisé comme l'est tout vivant en tant que tel. Voilà le dégrisement qui survient et qui prend figure de fatalité. Que faire ? On a de quoi être ivre, mais on ne le peut ; en pleine vigueur, on n'est pas dans la vie, on n'en fait plus partie ; on la transperce, on en discerne l'irréalité, car le dégrisement est clairvoyance et éveil. Et à quoi s'éveille-t-on, sinon à la mort ?

Ivan Ilitch voulait qu'on s'apitoyât sur lui et qu'on le plaignît ; plus misérable que son héros, Tolstoï se compare, lui, à un oisillon tombé du nid ! Son drame force la sympathie, bien qu'on ne puisse souscrire aux raisons qu'il allègue pour l'expliquer. La partie « négative » est chez lui de loin plus intéressante que l'autre. Si ses interrogations émanent de son être profond, il en va différemment de ses réponses. Les perplexités qu'il éprouva pendant sa crise confinaient à l'intolérable, c'est un fait ; au lieu de vouloir s'en défaire pour ce motif uniquement, il trouve bon de nous dire qu'étant le propre des riches et des oisifs et nullement des moujiks, elles sont dénuées de toute portée intrinsèque. Visiblement, il sous-estime les avantages de la satiété, laquelle permet des découvertes interdites à l'indigence. Aux repus, aux blasés se dévoilent certaines vérités qu'on appelle à tort fausses ou téméraires et dont la valeur subsiste lors même que l'on condamne le genre de vie qui les a fait naître. De quel droit rejette-t-on d'emblée celles de l'Ecclésiaste ? Si l'on se place au niveau des actes, il sera difficile, on l'admettra aisément, de consentir à son désabusement. Mais l'Ecclésiaste ne considère pas que l'acte soit un critère. Aussi reste-t-il sur ses positions, comme les autres sur les leurs.

Pour justifier le culte qu'il professe pour les moujiks, Tolstoï invoque leur détachement, leur facilité à quitter la vie sans s'encombrer de problèmes inutiles. Les apprécie-t-il, les aime-t-il vraiment ? Il les jalouse plutôt, parce qu'il les croit moins compliqués qu'ils ne sont. Il s'imagine qu'ils glissent dans la mort, qu'elle est pour eux un soulagement, qu'au milieu d'une tempête de neige ils s'abandonnent à la façon de Nikita, tandis que Brékounov se crispe et s'agite. « Quelle est la manière la plus simple de mourir ? » — telle est la question qui a dominé sa maturité et torturé sa vieillesse. La simplicité, qu'il n'a cessé de rechercher, il ne l'a trouvée en rien, sauf dans son style. Lui, il était trop ravagé pour y atteindre. Comme tout esprit tourmenté, excédé et subjugué par ses tourments, il ne pouvait aimer que les arbres et les bêtes, et ceux-là seuls des hommes qui par quelque trait s'apparentaient aux éléments. A leur contact il escomptait, nul doute là-dessus, s'arracher à ses effrois habituels et s'acheminer vers une agonie supportable et même sereine. Se rassurer, rencontrer la paix coûte que coûte, c'est tout ce qui lui importait. On voit maintenant pourquoi il ne fallait pas laisser Ivan Ilitch expirer dans le dégoût ou l'épouvante. « Il chercha sa terreur accoutumée et ne la trouva plus. Où est-elle ? Quelle mort ? Il n'avait plus peur, parce que la mort aussi n'était plus.

Au lieu de la mort, il voyait la lumière. « Voilà donc ce que c'est, prononça-t-il soudain à voix haute. Quelle joie ! »

Cette joie ni cette lumière n'emportent la conviction ; elles sont extrinsèques, elles sont plaquées. Nous avons peine à admettre qu'elles parviennent à adoucir les ténèbres où se débat le mourant : rien du reste ne le préparait à cette jubilation, qui n'a aucun rapport avec sa médiocrité, ni avec la solitude où il est réduit. D'un autre côté, la description de son agonie est si oppressante à force d'être exacte qu'il eût été presque impossible de la conclure sans changer de ton et de plan. « Finie la mort, se dit-il. Elle n'est plus. » Le prince André aussi voulait s'en persuader. « L'amour, c'est Dieu, et mourir signifie pour moi, fragment de cet amour, retourner au grand tout, à la source éternelle. » Plus sceptique sur les divagations finales du prince André qu'il ne le sera plus tard sur celles d'Ivan Ilitch, Tolstoï ajoute : « Ces pensées lui semblaient consolantes ; mais ce n'étaient que pensées..., il y avait en elles quelque chose d'unilatéral, d'individuel, de purement rationnel ; elles manquaient d'évidence. » Malheureusement celles du pauvre Ivan Ilitch n'en manqueront pas moins. Mais, depuis *La Guerre et la Paix*, Tolstoï a fait du chemin : il en est arrivé à un stade où à tout prix il lui faut élaborer une formule de salut et s'y accrocher. Cette lumière, cette joie surajoutées, comment ne pas sentir qu'il les rêvait pour lui et que, tout autant que la simplicité, elles lui étaient défendues ? Non moins *rêvées* sont les dernières paroles qu'il fait prononcer à son héros sur la fin de la mort. Que l'on compare à cette fin qui n'en est pas une, à ce triomphe conventionnel et voulu, la haine si réelle, si vraie qu'éprouve ce même héros pour sa famille :

« Lorsqu'il vit le matin son domestique, puis sa femme, puis sa fille, puis le médecin, chacun de leurs gestes, chacune de leurs paroles lui confirmaient l'affreuse vérité qui s'était révélée à lui cette nuit-là. Il se voyait en eux, sa vie avait été ce qu'était la leur ; et il voyait clairement que ce n'était pas cela du tout, que c'était un mensonge énorme, effroyable, qui cachait la vie et la mort. Ce sentiment augmentait, décuplait ses souffrances physiques. Il gémissait et s'agitait et s'efforçait de rejeter ses vêtements qui l'oppressaient, l'étouffaient, lui semblait-il. Et c'est pour cela qu'il haïssait tous ses proches. »

La haine ne conduit pas à la délivrance, et on ne voit guère comment de l'horreur de soi et de tout on peut faire un saut dans cette zone de pureté où la mort est dépassée, « finie ». Haïr le monde et se haïr, c'est prêter trop de crédit au monde et à soi, c'est se rendre inapte à s'affranchir de l'un et de l'autre. La haine de soi surtout témoigne d'une illusion capitale. Parce qu'il se haïssait, Tolstoï se figurait qu'il avait cessé de vivre dans le mensonge. Or, à moins de se vouer au renoncement (ce dont il était incapable), on ne peut vivre qu'en mentant et en se mentant. C'est ce qu'il fit d'ailleurs : n'est-ce pas mentir que d'affirmer *en tremblant* qu'on a vaincu la mort et la peur de la mort ? Ce sensuel qui incrimine les sens, qui s'est toujours dressé contre soi, qui aimait à brimer ses inclinations, s'appliqua avec une ardeur perverse à suivre une voie opposée à ce qu'il était. Un besoin voluptueux de se torturer le poussait vers l'insoluble. Il était écrivain, le premier de son temps ; au lieu d'en tirer quelque satisfaction, il *s'inventa* une vocation, celle d'homme de bien, en tous points étrangère à ses goûts. Il commença à s'intéresser aux pauvres, à les secourir, à se lamenter sur leur condition, mais sa pitié, tour à tour sombre et indiscrète, n'était qu'une forme de son horreur du monde. La morosité, son trait dominant, se rencontre chez ceux qui, persuadés d'avoir fait fausse route et d'avoir manqué à leur véritable destination, sont inconsolables d'être demeurés *au-dessous* d'eux-mêmes. Malgré l'œuvre considérable qu'il avait produite, il eut ce sentiment ; cette œuvre, ne l'oublions pas, il en était venu à la considérer comme frivole, voire nuisible ; il l'avait réalisée, mais il ne s'était pas réalisé lui-même. Sa morosité procédait de l'intervalle qui séparait sa réussite littéraire de son inaccomplissement spirituel.

Çakya-Mouni, Salomon, Schopenhauer, de ces trois cafardeux qu'il cite souvent, c'est le premier qui est allé le plus loin, et c'est lui dont sans doute il eût voulu se rapprocher le plus : il y serait parvenu si le dégoût du monde et de soi suffisait à faire accéder au nirvâna. Et puis le Bouddha quitta jeune sa famille (on ne l'imagine pas s'empêtrant dans un drame conjugal et s'éternisant au milieu des siens, irrésolu et maussade, et les exécrant parce qu'ils l'empêchaient d'exécuter son grand dessein), tandis que Tolstoï devait attendre la décrépitude pour entreprendre une fuite spectaculaire et pénible. La discordance entre sa doctrine et sa vie, s'il s'en affligeait, il n'avait cependant pas la force d'y remédier. Comment s'y serait-il pris, vu l'incompatibilité entre ses aspirations concertées et ses instincts profonds ? Pour mesurer l'ampleur de ses tiraillements (tels que les révèle en particulier *Le Père Serge*), il importe de signaler qu'il s'évertuait en secret à *imiter* les saints et que, de toutes ses ambitions, celle-ci fut la plus imprudente. En se proposant un modèle si disproportionné à ses moyens, il s'infligeait inévitablement un supplément de mécomptes. Que n'a-t-il médité le verset de la Bhagavad-Gîta, selon lequel il vaut mieux périr dans sa propre loi que de suivre celle d'autrui ! Et c'est justement parce qu'il chercha le salut hors de ses voies à lui que, dans sa période dite de « régénération », il fut encore plus malheureux qu'avant. Avec un orgueil comme le sien, il ne fallait pas s'acharner à la charité : plus il y visait, plus il se renfrognait. Son incapacité radicale d'aimer, doublée d'une clairvoyance glacée, explique pourquoi il jetait sur toutes choses, singulièrement sur ses personnages, un regard sans complicité. « En lisant ses œuvres, on n'a pas une seule fois envie de rire ni de sourire », notait un critique russe vers la fin du siècle dernier. En revanche, on n'a rien compris à Dostoïevski, si on ne sent pas que l'humour est sa qualité majeure. Il s'emballe, il s'oublie, et, comme il n'est jamais froid, il atteint à ce degré de fièvre où, le réel transfiguré, la peur de la mort n'a plus de sens, parce qu'on s'est élevé au-dessus d'elle. Il l'a dépassée, il en a triomphé, ainsi qu'il sied à un visionnaire, et il eût été bien incapable de décrire une agonie avec cette précision clinique où excelle un Tolstoï. Encore convient-il d'ajouter que ce dernier est un clinicien *sui generis* : il n'étudie jamais que ses propres maux et, quand il les soigne, il y apporte toute l'acuité et toute la vigilance de ses terreurs.

La remarque en a été souvent faite : Dostoïevski, malade et démuni, acheva sa carrière dans l'apothéose (le discours sur Pouchkine !), alors que Tolstoï, autrement favorisé par le sort, devait finir la sienne dans le désespoir. A y bien réfléchir, le contraste que présente leur dénouement est tout à fait dans l'ordre. Dostoïevski, après les révoltes et les épreuves de sa jeunesse, ne pensait plus qu'à *servir ;* il se réconcilia, sinon avec l'univers, du moins avec son pays dont il accepta et justifia les abus ; il croyait qu'il appartenait à la Russie de jouer un grand rôle, qu'elle devait même sauver l'humanité. Le conspirateur d'autrefois, maintenant enraciné et apaisé, pouvait sans imposture défendre l'Église et l'État ; de toute façon, il n'était plus *seul.* Tolstoï, au contraire, le deviendra de plus en plus. Il s'enfonce dans la désolation, et s'il parle tant d'une « vie nouvelle », c'est que la vie tout court lui échappe. La religion qu'il croit rajeunir, il la sape en réalité. Combat-il les injustices ? Il va plus loin que les anarchistes, et les formules qu'il avance sont d'une outrance démoniaque ou risible. Ce que traduit tant de démesure, tant de négation, c'est la vengeance d'un esprit qui n'a jamais pu se faire à l'humiliation de mourir.

Les dangers de la sagesse

Quand on voit quel relief revêtent les apparences pour la conscience normale, il est impossible de souscrire à la thèse du Védânta, selon laquelle « la non-distinction est l'état naturel de l'âme ». Ce qui est entendu ici par état naturel c'est l'état d'éveil, celui justement qui n'est en aucune façon naturel. Le vivant perçoit de l'existence partout ; dès qu'il est éveillé, dès qu'il n'est plus *nature*, il commence par déceler le faux dans l'apparent, l'apparent dans le réel, pour finir par suspecter l'idée de réel elle-même. Plus de distinctions, donc plus de tension ni de drame. Contemplé de trop haut, le règne de la diversité et du multiple s'évanouit. A un certain niveau de la connaissance, le non-être seul tient le coup.

On ne vit que par défaut de savoir. Dès que l'on *sait*, on ne s'assortit plus à rien. Tant que nous sommes dans l'ignorance, les apparences prospèrent et conservent un soupçon d'inviolable qui nous permet de les aimer et de les haïr, d'être aux prises avec elles. Comment nous mesurer avec des fantasmes ? C'est ce qu'elles deviennent quand, détrompés, nous ne pouvons plus les promouvoir au rang d'essences. Le savoir, l'éveil plutôt, suscite entre elles et nous un hiatus qui, par malheur, n'est pas conflit ; s'il l'était, tout serait pour le mieux ; non, ce qu'il est, c'est la suppression de tous les conflits, c'est l'abolition funeste du tragique.

A l'encontre de l'affirmation du Védânta, l'âme est naturellement portée à la multiplicité et à la différenciation : elle ne s'épanouit qu'au milieu de simulacres et se flétrit si elle les démasque et s'en détache. Éveillée, elle se prive de ses pouvoirs, et ne peut ni déclencher ni soutenir le moindre processus créateur. La délivrance étant à l'antipode de l'inspiration, s'y vouer équivaut, pour un écrivain, à une démission, voire à un suicide. S'il veut produire, qu'il suive ses bons et ses mauvais penchants, les mauvais surtout ; s'il s'en émancipe, il s'éloigne de lui-même : ses misères sont ses chances. Le plus sûr moyen pour lui de gâcher ses dons est de se mettre au-dessus du succès et de l'échec, du plaisir et de la peine, de la vie et de la mort. A vouloir s'en affranchir, il se trouvera, un beau jour, extérieur au monde et à soi, tout juste capable de concevoir encore quelque projet mais affolé à l'idée de l'exécuter. Par-delà l'écrivain, le phénomène a une portée générale : quiconque vise à l'efficacité doit faire une disjonction totale entre vivre et mourir, aggraver les couples de contraires, multiplier abusivement les irréductibilités, se prélasser dans l'antinomie, rester en somme à la surface des choses. Produire, « créer », c'est s'interdire la clairvoyance, c'est avoir le courage ou le bonheur de ne pas percevoir le mensonge de la diversité, le caractère trompeur du multiple. Une œuvre n'est réalisable que si nous nous aveuglons sur les apparences ; dès que nous cessons de leur attribuer une dimension métaphysique, nous perdons tous nos moyens.

Rien ne stimule autant que de grossir des riens, d'entretenir de fausses oppositions et de démêler des conflits là où il n'y en a pas. Si on s'y refusait, une stérilité universelle s'ensuivrait. L'illusion seule est fertile, elle seule est *origine*. C'est grâce à elle qu'on donne naissance, qu'on *engendre* (dans tous les sens) et qu'on s'assimile au rêve de la diversité. L'intervalle qui nous sépare de l'absolu a beau être irréel, notre existence est cette irréalité même, l'intervalle en question n'apparaissant nullement comme mensonger aux fervents de l'acte. Plus nous nous ancrons dans les apparences, plus nous sommes féconds : faire une œuvre c'est épouser toutes ces incompatibilités, toutes ces oppositions fictives dont raffolent les esprits remuants. Mieux que personne, l'écrivain devrait savoir ce qu'il doit à ces semblants, à ces tromperies et se garder bien d'en devenir incurieux : s'il les néglige ou les dénonce, il se coupe l'herbe sous le pied, il supprime ses matériaux, il n'a plus sur quoi s'exercer. Et s'il se tourne ensuite vers l'absolu, ce qu'il y trouvera, dans le meilleur des cas, ce sera la délectation dans l'hébétude.

Seul un dieu avide d'imperfection en lui et hors de lui, seul un dieu ravagé pouvait imaginer et réaliser la création ; seul un être aussi inapaisé peut prétendre à une opération du même genre. Si, parmi les facteurs de stérilité, la sagesse vient en tête, c'est parce qu'elle s'emploie à nous réconcilier avec le monde et avec nous-mêmes ; elle est le plus grand malheur qui puisse s'abattre sur nos ambitions et nos talents, elle les *assagit*, autant dire qu'elle les tue, elle porte atteinte à nos profondeurs, à nos secrets en persécutant celles de nos qualités qui sont heureusement sinistres ; elle nous mine, elle nous submerge, elle compromet tous nos défauts.

Avons-nous attenté à nos désirs, brimé et étouffé nos attaches et nos passions ? nous maudirons ceux qui nous y ont encouragé, en premier lieu le sage en nous, notre plus redoutable ennemi, coupable de nous avoir guéri de tout sans nous avoir ôté le regret de rien. Le désarroi est sans limite de celui qui soupire après ses emballements d'autrefois et qui, inconsolé d'en avoir triomphé, se voit succomber au poison de la quiétude. Une fois qu'on a perçu la nullité de tous les désirs, il faut un effort d'obnubilation surhumain, *il faut de la sainteté*, pour pouvoir les éprouver de nouveau et s'y abandonner sans arrière-pensées. Le détracteur de la sagesse, s'il était de plus croyant, ne cesserait de répéter : « Seigneur, aidez-moi à déchoir, à me vautrer dans toutes les erreurs et tous les crimes, inspirez-moi des paroles qui vous brûlent et me dévorent, qui *nous* réduisent en cendres. » On ne peut savoir ce qu'est la nostalgie de la déchéance si on n'a pas ressenti celle de la pureté jusqu'à l'écœurement. Quand on a trop songé au paradis et qu'on a été un familier de l'au-delà, on en arrive à l'irritation et à la lassitude. Le dégoût de l'autre monde conduit à la hantise amoureuse de l'enfer. Sans cette hantise, les religions, dans ce qu'elles ont de vraiment *souterrain*, seraient incompréhensibles. La répulsion pour les élus, l'attraction pour les réprouvés — double mouvement de tous ceux qui rêvent de leurs anciennes folies, et qui commettraient n'importe quel péché, pourvu qu'ils n'aient plus à gravir « le chemin de la perfection ». Leur désespoir est de constater les progrès qu'ils ont faits en matière de détachement, alors que leurs inclinations ne les destinaient pas à y exceller. Dans *Les Questions de Milinda*, le roi Ménandre demande à l'ascète Nâgasena ce qui distingue l'homme sans passion de l'homme passionné : « L'homme passionné, ô roi ! quand il mange, goûte la saveur et la passion de la saveur ; l'homme sans passion goûte la saveur, mais non la passion de la saveur. » — Tout le secret de la vie et de l'art, tout l'*ici-bas*, réside dans cette « passion de la saveur ». Quand nous ne la ressentons plus, il ne nous reste, dans notre dénuement, que la ressource d'un sourire exterminateur.

Avancer dans le détachement, c'est nous priver de toutes nos raisons d'agir, c'est, en perdant le bénéfice de nos défauts et de nos vices, sombrer dans cet état qui a nom *cafard* — absence consécutive à l'évanouissement de nos appétits, anxiété dégénérée en indifférence, engouffrement dans la neutralité. Si, dans la sagesse, on se met au-dessus de la vie et de la mort, dans le cafard (en tant qu'*échec* de la sagesse) on tombe au-dessous. C'est là que s'opère le nivellement des apparences, l'invalidation de la diversité. Les conséquences en sont effroyables pour l'écrivain spécialement, car si tous les aspects du monde se valent, il ne pourra pencher vers tel plutôt que vers tel autre ; d'où l'impossibilité pour lui de choisir un *sujet* : lequel préférer si les objets eux-mêmes sont interchangeables et indistincts ? De ce désert parfait l'*être* même est banni comme trop pittoresque. Nous sommes au cœur de l'indifférencié, de l'Un morne et sans faille, où, à la place de l'illusion, s'étale une illumination *prostrée*, dans laquelle tout nous est révélé, mais cette révélation nous est si contraire, que nous ne songeons qu'à l'oublier. Avec ce qu'il sait, avec ce qu'il connaît, nul ne peut aller de l'avant, l'homme de cafard moins que personne ; il vit au milieu d'une *lourde* irréalité : la non-existence des choses lui pèse. Pour s'accomplir, pour respirer seulement, il lui faudra s'affranchir de *sa* science. C'est ainsi qu'il conçoit le salut par le non-savoir. Il n'y accédera qu'en s'acharnant contre l'esprit de désintéressement et d'objectivité. Un jugement « subjectif », partial, mal fondé constitue une source de dynamisme : au niveau de l'acte, le faux seul est chargé de réalité — mais quand nous sommes condamnés à une vue *exacte* de nous-mêmes et du monde, à quoi adhérer, et sur quoi se prononcer encore ?

Il y avait un fou en nous ; le sage l'en a chassé. Avec lui s'en est allé ce que nous possédions de plus précieux, ce qui nous faisait accepter les apparences sans avoir à pratiquer à tout bout de champ cette discrimination entre le réel et l'illusoire, si ruineuse pour elles. Tant qu'il était là, nous n'avions rien à craindre, ni elles non plus qui, miracle ininterrompu, se métamorphosaient en choses sous nos yeux. Lui disparu, elles se déclassent et retombent dans leur indigence primitive. Il donnait du piquant à l'existence, il était l'existence. Maintenant, nul intérêt, nul point d'appui. Le véritable vertige, c'est l'absence de la folie.

Se réaliser, c'est se vouer à la griserie du multiple. Dans l'Un rien ne compte, sinon l'Un lui-même. Brisons-le donc, si nous tenons à échapper à l'envoûtement de l'indifférence, si nous voulons que prenne fin la monotonie en nous et hors de nous. Tout ce qui chatoie à la surface du monde, tout ce qu'on y qualifie d'*intéressant*, est fruit d'ivresse et d'ignorance. A peine sommes-nous dégrisés, que nous ne distinguons partout que ressassement et désolation.

Issue de l'aveuglement, la diversité se défait au contact du cafard, qui est savoir foudroyé, goût pervers de l'identité et horreur du nouveau. Quand cette horreur s'empare de nous, et qu'il n'est pas d'événement qui ne nous paraisse à la fois impénétrable et dérisoire ni de changement, de quelque ordre soit-il, qui ne relève du mystère et de la farce, ce n'est pas à Dieu que nous songeons, c'est à la déité, à l'essence immuable qui ne daigne pas créer, ni même exister, et qui, par son absence de déterminations, préfigure cet instant indéfini et sans substance, symbole de notre inaboutissement. Si, au témoignage de l'antiquité, le Destin aime à ruiner tout ce qui s'élève, le cafard serait le prix que l'homme doit payer pour son élévation. Mais le cafard, par-delà l'homme, sans doute affecte-t-il à un moindre degré tout être vivant qui d'une manière ou d'une autre s'écarte de ses origines. La Vie elle-même y est exposée dès qu'elle ralentit son allure et que se calme la frénésie qui la soutient et l'anime. Qu'est-elle, en dernier ressort, sinon un *phénomène de rage* ? Rage bénie, à laquelle il importe de se livrer. Dès qu'elle nous saisit, nos impulsions inassouvies se réveillent : plus elles furent refrénées, plus elles se déchaînent. Malgré ses côtés affligeants, le spectacle que nous offrons alors prouve que nous réintégrons notre vraie condition, notre nature, fût-elle méprisable et même odieuse. Il vaut mieux être abject sans effort que « noble » par imitation ou persuasion. Un vice inné étant préférable à une vertu acquise, on ressent nécessairement de la gêne devant ceux qui ne s'acceptent pas, devant le moine, le prophète, le philanthrope, l'avare qui s'astreint à la dépense, l'ambitieux à la résignation, l'arrogant à la prévenance, devant tous ceux qui se surveillent, sans en excepter le sage, l'homme qui se contrôle et se contraint, qui n'est jamais *lui-même*. La vertu acquise fait corps étranger ; nous ne l'aimons ni chez autrui ni chez nous : c'est une victoire sur soi qui nous poursuit, une réussite qui nous accable et nous fait souffrir lors même que nous en tirons vanité. Que chacun se contente de ce qu'il est : n'est-ce point avoir le goût de la torture et du malheur que de vouloir s'améliorer ?

Il n'est pas de livre édifiant ni même cynique où l'on n'insiste sur les méfaits de la colère, cette performance, cette gloire de la rage. Quand le sang afflue au cerveau et que nous commençons à trembler, en un instant s'annule l'effet de jours et de jours de méditation. Rien de plus ridicule et de plus dégradant qu'un tel accès, inévitablement disproportionné à la cause qui l'a déclenché ; cependant l'accès passé, nous en oublions le prétexte, tandis qu'une fureur rentrée nous travaille jusqu'à notre dernier soupir. Il en est de même des humiliations qu'on nous a infligées et que nous avons subies « dignement ». Devant l'affront qui nous fut fait, si, réfléchissant aux représailles, nous avons oscillé entre la gifle et le coup de grâce, cette oscillation en nous faisant perdre un temps précieux aura consacré par là même notre lâcheté. C'est un flottement aux lourdes conséquences, une faute qui nous oppresse, alors qu'une explosion, même achevée dans le grotesque, nous eût soulagés. Pénible autant que nécessaire, la colère nous empêche de tomber en proie à des obsessions et nous épargne le risque de complications sérieuses : c'est une crise de démence qui nous préserve de la démence. Tant que nous pouvons compter sur elle, sur son apparition régulière, notre équilibre est assuré, de même que notre honte. Qu'elle soit un obstacle à l'avancement spirituel, on en conviendra aisément ; mais pour l'écrivain (puisque aussi bien c'est son cas que nous envisageons ici) il n'est pas bon, il est même périlleux de maîtriser ses mouvements d'humeur. Qu'il les entretienne de son mieux, sous peine de mort littéraire.

Dans la colère, on se sent vivre ; comme malheureusement elle ne dure pas longtemps, il faut se résigner à ses sous-produits, qui vont de la médisance à la calomnie, et qui, de toute façon, offrent plus de ressources que le mépris, trop débile, trop abstrait, sans chaleur ni souffle, et inapte à procurer le moindre bien-être ; quand on s'en détourne, on découvre avec émerveillement la volupté qu'il y a à noircir les autres. On est enfin de plain-pied avec eux, on lutte, on n'est plus *seul*. Avant, on les examinait pour l'agrément théorique de trouver leur point faible ; maintenant, pour les frapper. Peut-être ne devrait-on s'occuper que de soi : il est déshonorant, il est ignoble de juger autrui ; c'est pourtant ce que tout le monde fait : s'en abstenir reviendrait à se mettre hors l'humanité. L'homme étant un animal fielleux, toute opinion qu'il émet sur ses semblables participe du dénigrement. Non qu'il ne puisse en dire du bien ; mais il y éprouve une sensation de plaisir et de force sensiblement moindre que lorsqu'il en dit du mal. S'il les rabaisse et les exécute, ce n'est donc pas tant pour leur nuire, que pour sauvegarder ses restes de colère, ses restes de vitalité, pour échapper aux effets débilitants qu'entraîne une longue pratique du mépris.

Le calomniateur n'est pas le seul à tirer profit de la calomnie ; elle sert autant, sinon plus, au calomnié, à condition toutefois qu'il la ressente vivement. Elle lui donne alors une vigueur insoupçonnée, aussi profitable à ses idées qu'à ses muscles : elle l'incite à haïr ; or la haine n'est pas un sentiment mais une puissance, un facteur de diversité, qui fait prospérer les êtres aux dépens de l'être. Quiconque aime son statut d'*individu* doit rechercher toutes les occasions où il est obligé de haïr ; la calomnie étant la meilleure, s'en estimer *victime*, c'est user d'une expression impropre, c'est méconnaître les avantages qu'on en peut retirer. Le mal qu'on dit de nous, comme le mal qu'on nous fait, ne vaut que s'il nous blesse, s'il nous fouette et nous réveille. Avons-nous la malchance d'y être insensibles ? nous tombons dans un état d'invulnérabilité désastreux, nous perdons les privilèges inhérents aux coups des hommes et même à ceux du sort (qui s'élève au-dessus de la calomnie s'élèvera sans peine au-dessus de la mort). Si ce qu'on avance sur nous ne nous touche d'aucune façon, pourquoi s'épuiser à une tâche inséparable de suffrages extérieurs ? Conçoit-on une œuvre qui soit le produit d'une autonomie absolue ? Se rendre invulnérable, c'est se fermer à la presque totalité des sensations qu'on éprouve dans la vie en commun. Plus on s'initie à la solitude, plus on souhaite déposer la plume. De quoi et de qui parler si les autres ne comptent plus, si personne ne mérite la dignité d'ennemi ? Cesser de réagir à l'opinion est un symptôme alarmant, une supériorité fatale, acquise au détriment de nos réflexes, et qui nous met dans la posture d'une divinité atrophiée, ravie de ne plus bouger, parce qu'elle ne trouve rien qui vaille un geste. Tout à l'opposé, se sentir exister, c'est s'enticher de ce qui est manifestement mortel, vouer un culte à l'insignifiance, s'irriter perpétuellement au sein de l'inanité, prendre la mouche dans le néant.

Ceux qui cèdent à leurs émotions ou à leurs caprices, ceux qui s'emportent à longueur de journée sont à l'abri de troubles graves. (La psychanalyse ne compte qu'auprès des Anglo-Saxons et des Scandinaves, qui ont le malheur d'avoir de la tenue ; elle n'intrigue guère les peuples latins.) Pour être normaux, pour nous conserver en bonne santé, nous ne devrions pas nous modeler sur le sage mais sur l'enfant, nous rouler par terre et pleurer toutes les fois que nous en avons envie. Quoi de plus lamentable que de le vouloir et de ne pas l'oser ? Pour avoir désappris les larmes, nous sommes sans ressources — inutilement rivés à nos yeux. Dans l'Antiquité, on pleurait ; de même au Moyen Age ou pendant le Grand Siècle (le roi s'y entendait bien, à en croire Saint-Simon). Depuis, l'intermède romantique mis à part, on a jeté le discrédit sur l'un des remèdes les plus efficaces que l'homme ait jamais possédés. S'agit-il d'une défaveur passagère ou d'une nouvelle conception de l'honneur ? Ce qui paraît sûr, c'est que toute une partie des infirmités qui nous harcèlent, tous ces maux diffus, insidieux, indépistables, viennent de l'obligation où nous sommes de ne pas extérioriser nos fureurs ou nos afflictions. Et de ne pas nous laisser aller à nos plus anciens instincts.

Nous devrions avoir la faculté de hurler un quart d'heure par jour au moins ; il faudrait même que l'on créât à cette fin des *hurloirs*. « La parole, objectera-t-on, n'allège-t-elle pas suffisamment ? Pourquoi revenir à des usages si révolus ? » Conventionnelle par définition, étrangère à nos exigences impérieuses, la parole est vide, exténuée, sans contact avec nos profondeurs : il n'en est aucune qui en émane ni qui y descende. Si, au début, au moment où elle fit son apparition, elle pouvait servir, il en va différemment aujourd'hui : pas une seule, même pas celles qui furent transfigurées en jurons, ne contient la moindre vertu tonique. Elle se survit : longue et pitoyable désuétude. Le principe d'anémie qu'elle recèle, nous continuons néanmoins à en subir l'influence nocive. Mode d'expression du sang, le hurlement, en revanche, nous soulève, nous fortifie, et quelquefois nous guérit. Quand nous avons le bonheur de nous y adonner, nous nous sentons d'emblée à proximité de nos lointains ancêtres, qui devaient dans leurs cavernes rugir sans cesse, tous, y compris ceux qui en barbouillaient les parois. A l'antipode de ces temps heureux, nous sommes réduits à vivre dans une société si mal organisée que l'unique endroit où l'on puisse hurler impunément est l'asile d'aliénés. Ainsi nous est défendue la seule méthode que nous ayons de nous débarrasser de l'horreur des autres et de l'horreur de nous-mêmes. S'il y avait du moins des livres de consolation ! Il en existe très peu, pour la raison qu'il n'y a pas de consolation et ne saurait y en avoir, tant qu'on ne secoue pas les chaînes de la lucidité et de la décence. L'homme qui se contient, qui se domine en toute rencontre, l'homme « distingué » en somme est virtuellement un détraqué. Il en est de même de quiconque « souffre en silence ». Si nous tenons à un minimum d'équilibre, remettons-nous au cri, ne perdons aucune occasion de nous y jeter et d'en proclamer l'urgence. La rage nous y aidera d'ailleurs, elle qui procède du fond même de la vie. On ne sera donc pas étonné qu'elle soit particulièrement agissante aux époques où la santé se confond avec la convulsion et le chaos, aux époques d'innovation religieuse. Aucune compatibilité entre religion et sagesse : la religion est conquérante, agressive, sans scrupules, elle fonce et ne s'embarrasse de rien. L'admirable chez elle est qu'elle condescende à favoriser nos sentiments les plus bas ; sans quoi, elle n'aurait pas une prise si profonde sur nous. Avec elle, on peut à vrai dire aller aussi loin qu'on voudra, dans n'importe quelle direction. Impure, car solidaire de notre vitalité, elle nous invite à tous les excès et ne fixe aucune limite à notre euphorie ni à notre dégringolade en Dieu.

C'est parce qu'elle ne dispose d'aucun de ces avantages que la sagesse est si néfaste à celui qui veut se manifester et exercer ses dons. Elle est ce continuel dépouillement dont on n'approche qu'en sabotant ce qu'on possède d'irremplaçable en bien et en mal ; elle ne débouche sur rien, elle est l'impasse érigée en discipline. A l'extase, qui excuse et rachète les religions dans leur ensemble, qu'a-t-elle à opposer ? Un système de capitulations : la retenue, l'abstention, le recul non seulement à l'égard de ce monde mais de tous les mondes, une sérénité minérale, un goût de la pétrification — par peur et du plaisir et de la douleur. A côté d'un Épictète, n'importe quel saint, chrétien ou autre, fait figure d'*enragé*. Les saints sont des tempéraments fiévreux et histrioniques qui vous séduisent et vous entraînent : ils flattent vos faiblesses par la violence même qu'ils mettent à les dénoncer. On a du reste l'impression qu'avec eux on pourrait *s'entendre* : un minimum d'extravagance ou d'habileté y suffirait. Avec les sages, au contraire, ni compromission ni aventure : ils trouvent la rage odieuse, en rejettent toutes les formes et l'assimilent à une source d'égarements. Source d'énergie plutôt, pense l'homme de cafard, qui s'y accroche parce qu'il la sait positive, dynamique, dût-elle se retourner contre lui.

Ce n'est pas dans l'inertie qu'on se tue, c'est dans un accès de fureur contre soi (Ajax demeure toujours le suicidé type), c'est dans l'exaspération d'un sentiment qui pourrait se définir ainsi : « Je ne puis supporter plus longtemps d'être *déçu* par moi-même. » Ce sursaut suprême au plus profond d'une déception dont nous sommes l'objet, ne l'aurions-nous pressenti qu'à de rares intervalles, que nous en garderions la hantise, eussions-nous *décidé* une fois pour toutes de ne pas nous tuer. Si, à travers tant d'années, une « voix » nous assurait que nous ne lèverons pas la main sur nous, cette voix, l'âge .venant, devient de moins en moins perceptible. C'est ainsi que plus nous allons, plus nous sommes à la merci de quelque silence *fulgurant*.

Celui qui se tue prouve qu'il aurait pu aussi bien tuer, qu'il ressentait même cette impulsion, mais qu'il l'a dirigée contre lui-même. Et s'il a l'air sournois, *en dessous*, c'est qu'il suit les méandres de la haine de soi et qu'il médite avec une cruauté perfide le coup auquel il succombera, non sans avoir auparavant reconsidéré sa naissance, qu'il s'empressera de maudire. C'est à elle effectivement qu'il faut s'en prendre si on veut extirper le mal à la racine. L'abominer est raisonnable et pourtant difficile et inhabituel. On se dresse contre la mort, contre ce qui doit survenir ; la naissance, événement autrement irréparable, on la laisse de côté, on ne s'en préoccupe guère : elle apparaît à chacun aussi lointaine dans le passé que le premier instant du monde. Seul y remonte celui qui songe à se supprimer ; on dirait qu'il n'arrive pas à *oublier* le mécanisme innommable de la procréation et qu'il essaie, par une horreur rétrospective, d'anéantir le germe même dont il est issu.

Inventive et entreprenante, la fureur d'autodestruction ne se borne pas à arracher l'individu seul à la torpeur ; elle se saisit aussi bien des nations et leur permet de se renouveler en leur faisant faire des actes en contradiction flagrante avec leurs traditions. Telle qui semblait s'acheminer vers la sclérose, c'est en réalité vers la catastrophe qu'elle s'orientait, et elle s'y faisait seconder par la mission même qu'elle s'était arrogée. Douter de la nécessité du désastre, c'est se résigner à la consternation, c'est se mettre dans l'impossibilité de comprendre la vogue de la fatalité à certains moments. La clef de tout ce qu'il y a d'inexplicable dans l'histoire pourrait bien se trouver dans la rage contre soi, dans la terreur de la satiété et de la répétition, dans le fait que l'homme préférera toujours l'inouï à la routine. Le phénomène se conçoit également à l'échelle des espèces. Comment admettre que tant d'entre elles aient disparu par le seul caprice du climat ? N'est-il pas plus vraisemblable qu'au bout de millions et de millions d'années les grands mammifères aient fini par en avoir assez de traîner sur la surface du globe et qu'ils aient atteint ce degré de lassitude explosif, où l'instinct, rivalisant avec la conscience, se divise d'avec lui-même ? Tout ce qui vit s'affirme et se nie dans la frénésie. Se laisser mourir est signe de faiblesse ; s'anéantir, de force. Ce qu'on doit redouter, c'est l'affaissement dans cet état où l'on ne peut même pas imaginer le désir de se détruire.

Il est paradoxal et peut-être malhonnête de faire le procès de l'Indifférence, après l'avoir pressée pendant longtemps de nous accorder la paix et l'incuriosité du cadavre. Pourquoi reculons-nous quand elle commence enfin à s'exécuter et qu'elle conserve pour nous toujours le même prestige ? N'est-ce point une trahison que cet acharnement contre l'idole que nous avons le plus vénérée ?

Un élément de bonheur entre indéniablement dans toute volte-face ; on y puise même un surcroît de vigueur : le reniement *rajeunit*. Notre force se mesurant à la somme des croyances que nous avons abjurées, chacun de nous devrait conclure sa carrière en déserteur de toutes les causes. Si, malgré le fanatisme qu'elle nous a inspiré, l'Indifférence finit par nous effrayer, par nous paraître intolérable, c'est qu'en suspendant le cours de nos désertions justement, elle s'attaque au principe même de notre être et en arrête l'expansion. Comporterait-elle une essence négative, dont nous n'avons pas su nous méfier à temps ? En l'adoptant sans réserves, nous ne pouvions éviter ces affres de l'incuriosité radicale, dans lesquelles on ne plonge pas sans en sortir méconnaissable. Celui qui les a seulement entrevues n'aspire plus à ressembler aux morts, ni à regarder comme eux ailleurs, vers autre chose, vers n'importe quoi, sauf vers l'apparence. Ce qu'il veut, c'est retourner parmi les vivants, et retrouver auprès d'eux ses anciennes misères, qu'il a piétinées dans sa course au détachement.

C'est se fourvoyer que de suivre les pas d'un sage, si on ne l'est pas soi-même. Tôt ou tard, on s'en lasse, on le quitte, on rompt avec lui, ne fût-ce que par passion de la rupture, on lui déclare la guerre, comme on la déclare à tout, en commençant par l'idéal qu'on n'a pas pu atteindre. Quand on a invoqué pendant des années Pyrrhon ou Lao-tseu, est-il admissible de les trahir au moment où l'on était plus que jamais imbu de leur enseignement ? Mais les trahit-on tout de bon, et peut-on avoir la présomption de se considérer comme leur victime, lorsqu'on n'a rien d'autre à leur reprocher que d'être dans le vrai ? Elle n'est nullement confortable la condition de celui qui, après avoir demandé à la sagesse de le délivrer de lui-même et du monde, en vient à l'exécrer, à ne voir en elle qu'une entrave de plus.

Tomber du temps...

J'ai beau m'agripper aux instants, les instants se dérobent : il n'en est aucun qui ne me soit hostile, qui ne me récuse, et ne me signifie son refus de se commettre avec moi. Tous inabordables, ils proclament l'un après l'autre mon isolement et ma défaite.

Nous ne pouvons agir que si nous nous sentons portés et protégés par eux. Quand ils nous délaissent, nous manquons du ressort indispensable à la production d'un acte, qu'il soit capital ou quelconque. Démunis, sans assise nulle part, nous affrontons alors un malheur inusité : celui de n'avoir pas droit au temps.

J'entasse du révolu, ne cesse d'en fabriquer et d'y précipiter le présent, sans lui donner le loisir d'épuiser sa propre durée. Vivre, c'est subir la magie du possible ; mais lorsqu'on perçoit dans le possible même du révolu *à venir*, tout devient virtuellement passé, et il n'y a plus de présent ni de futur. Ce que je distingue dans chaque instant, c'est son essoufflement et son râle, et non la transition vers un autre instant. J'élabore du temps mort, je me vautre dans l'asphyxie du devenir.

Les autres tombent dans le temps ; je suis, moi, tombé du temps. A l'éternité qui s'érigeait au-dessus de lui succède cette autre qui se place au-dessous, zone stérile où l'on n'éprouve plus qu'un seul désir : réintégrer le temps, s'y élever coûte que coûte, s'en approprier une parcelle pour s'y installer, pour se donner l'illusion d'un chez-soi. Mais le temps est clos, mais le temps est hors d'atteinte : et c'est de l'impossibilité d'y pénétrer qu'est faite cette éternité négative, cette *mauvaise* éternité.

Le temps s'est retiré de mon sang ; ils se soutenaient l'un l'autre et coulaient de concert ; maintenant qu'ils sont figés, faut-il s'étonner que plus rien ne *devienne* ? Eux seuls, s'ils se remettaient en marche, pourraient me reclasser parmi les vivants et me désencombrer de cette sous-éternité où je croupis. Mais ils ne veulent ni ne peuvent. On a dû leur jeter un sort : ils ne bougeront plus, ils sont de glace. Aucun instant à même de s'insinuer dans mes veines. Un sang polaire pour des siècles !

Tout ce qui respire, tout ce qui a couleur d'être, s'évanouit dans l'immémorial. Ai-je vraiment goûté autrefois à la sève des choses ? Quelle en était la saveur ? Elle m'est à présent inaccessible — et insipide. Satiété *par défaut*.

Si je ne *sens* pas le temps, si j'en suis plus éloigné que personne, je le connais en revanche, je l'observe sans cesse : il occupe le centre de ma conscience. Celui même qui en est l'auteur, comment croire qu'il l'ait pensé et qu'il y ait songé autant ? Dieu, s'il est exact qu'il l'ait créé, ne saurait le connaître en profondeur, parce qu'il n'entre pas dans ses habitudes d'en faire l'objet de ses ruminations. Mais moi, telle est ma conviction, je fus évincé du temps à seule fin d'en former la matière de mes hantises. Au vrai, je me confonds avec la nostalgie qu'il m'inspire.

A supposer que j'aie vécu jadis en lui, quel était-il et par quel moyen m'en représenter la nature ? L'époque où il m'était familier m'est étrangère, a déserté ma mémoire, n'appartient plus à ma vie. Et je crois même qu'il me serait plus aisé de prendre pied dans la véritable éternité que de me réinstaller en lui. Pitié pour celui qui fut dans le Temps et qui ne pourra plus jamais y être !

(Déchéance sans nom : comment ai-je pu m'enticher du temps, alors que j'ai toujours conçu mon salut en dehors de lui, comme j'ai toujours vécu avec la certitude qu'il était sur le point d'user ses dernières réserves et que, rongé du dedans, atteint dans son essence, il manquait de *durée* ?).

A nous asseoir au bord des instants pour en contempler le passage, nous finissons par ne plus y démêler qu'une succession sans contenu, temps qui a perdu sa substance, temps abstrait, variété de notre vide. Encore un coup, et, d'abstraction en abstraction, il s'amenuise par notre faute et se dissout en *temporalité*, en ombre de lui-même. Il nous revient maintenant de lui redonner vie et d'adopter à son égard une attitude nette, dépourvue d'ambiguïté. Comment y parvenir, quand il inspire des sentiments irréconciliables, un paroxysme de répulsion et de fascination ?

Les façons équivoques du temps se retrouvent chez tous ceux qui en font leur préoccupation majeure, et qui, tournant le dos à ce qu'il contient de positif, se pencheront sur ses côtés douteux, sur la confusion qu'il réalise en lui entre l'être et le non-être, sur son sans-gêne et sa versatilité, sur ses apparences louches, son double jeu, son insincérité foncière. Un *faux jeton* à l'échelle métaphysique. Plus on l'examine, plus on l'assimile à un *personnage*, qu'on ne cesse de suspecter et qu'on aimerait démasquer. Et dont on finit par subir l'ascendant et l'attrait. De là à l'idolâtrie et à l'esclavage, il n'y a qu'un pas.

J'ai trop *désiré* le temps pour ne pas en fausser la nature, je l'ai isolé du monde, en ai fait une réalité indépendante de toute autre réalité, un univers solitaire, un succédané d'absolu : singulière opération qui le disjoint de tout ce qu'il suppose et de tout ce qu'il entraîne, métamorphose du figurant en protagoniste, promotion abusive et inévitable. Qu'il ait réussi à m'obnubiler, je ne saurais le nier. Il n'en demeure pas moins qu'il n'a pas prévu qu'un jour je passerais à son égard de l'obsession à la lucidité, avec tout ce que cela implique de menace pour lui.

Il est ainsi constitué qu'il ne résiste pas à l'insistance que l'esprit met à le sonder. Son épaisseur y disparaît, sa trame s'effiloche, et il n'en reste que des lambeaux dont l'analyste doit se contenter. C'est qu'il n'est pas fait pour être connu, mais vécu ; le scruter, le fouiller, c'est l'avilir, c'est le transformer en objet. Qui s'y applique en viendra à traiter de la sorte son propre moi. Toute forme d'analyse étant une profanation, il est indécent de s'y adonner. A mesure que, pour les remuer, nous descendons dans nos secrets, nous passons de l'embarras au malaise et du malaise à l'horreur. La connaissance de soi se paye toujours trop cher. Comme d'ailleurs la connaissance tout court. Quand l'homme en aura atteint le fond, il ne daignera plus vivre. Dans un univers *expliqué*, rien n'aurait encore un sens, si ce n'est la folie. Une chose dont on a fait le tour cesse de compter. De même, avons-nous pénétré quelqu'un ? Le mieux pour lui est de disparaître. C'est moins par réaction de défense que par pudeur, par désir de cacher leur irréalité, que les vivants portent tous un masque. Le leur arracher, c'est les perdre et se perdre. Décidément, il ne fait pas bon s'attarder sous l'Arbre de la Science.

Il y a quelque chose de sacré dans tout être qui ne sait pas qu'il existe, dans toute forme de vie indemne de conscience. Celui qui n'a jamais envié le végétal est passé à côté du drame humain.

Pour avoir trop médit du temps, le temps se venge : il me met en position de quémandeur, il m'oblige à le regretter. Comment ai-je pu l'assimiler à l'enfer ? L'enfer, c'est ce présent qui ne bouge pas, cette tension dans la monotonie, cette éternité renversée qui ne s'ouvre sur rien, même pas sur la mort, alors que le temps, qui coulait, qui se déroulait, offrait du moins la consolation d'une attente, fût-elle funèbre. Mais qu'attendre ici, à la limite inférieure de la chute, où il n'est nul moyen de choir davantage, où même l'espoir d'un autre abîme fait défaut ? Et qu'attendre encore de ces maux qui nous guettent, se signalent sans arrêt, qui ont seuls l'air d'exister et qui seuls existent en effet ? Si on peut tout recommencer à partir de la frénésie, qui représente un sursaut de vie, une virtualité de lumière, il n'en va pas de même de cette désolation sous-temporelle, annihilation à petite dose, enfoncement dans une répétition sans issue, démoralisante et opaque, dont on ne saurait émerger qu'à la faveur de la frénésie justement.

Quand l'éternel présent cesse d'être le *temps* de Dieu pour devenir celui du Diable, tout se gâte, tout devient ressassement de l'intolérable, tout sombre dans ce gouffre où l'on escompte en vain le dénouement, où l'on pourrit dans l'immortalité. Celui qui y tombe se tourne et se retourne, s'agite sans profit et ne produit rien. C'est ainsi que toute forme de stérilité et d'impuissance participe de l'enfer.

On ne peut se croire libre quand on se retrouve toujours avec soi, devant soi, devant *le même*. Cette identité, tout ensemble fatalité et hantise, nous enchaîne à nos tares, nous tire en arrière, et nous rejette hors du nouveau, hors du temps. Et quand on en est rejeté, on se *souvient* de l'avenir, on n'y court plus.

Si sûr qu'on soit de n'être pas libre, il est des certitudes auxquelles on se résigne difficilement. Comment agir en se sachant déterminé, comment vouloir en *automate* ? Dans nos actes il existe par bonheur une marge d'indétermination, dans nos actes seulement : je peux différer de faire telle ou telle chose ; il m'est en revanche impossible d'être autre que je suis. Si, en surface, j'ai une certaine latitude de manœuvrer, tout est, en profondeur, à jamais *arrêté*. De la liberté, le mirage seul est réel ; sans lui, la vie ne serait guère praticable, ni même concevable. Ce qui nous incite à nous croire libres, c'est la *conscience* que nous avons de la nécessité en général et de nos entraves en particulier ; conscience implique distance et toute distance suscite en nous un sentiment d'autonomie et de supériorité, lequel, il va sans dire, ne comporte qu'une valeur subjective. En quoi la conscience de la mort en adoucit l'idée ou en fait reculer l'avènement ? Savoir qu'on est mortel, c'est en réalité mourir deux fois, non, toutes les fois que l'on sait qu'on doit mourir.

Ce qui est beau dans la liberté, c'est qu'on s'y attache dans la mesure même où elle paraît impossible. Ce qui est plus beau encore, c'est qu'on ait pu la nier et que cette négation ait constitué le grand recours et le fond de plus d'une religion, de plus d'une civilisation. Nous ne saurions assez louer l'Antiquité d'avoir cru que nos destinées étaient inscrites dans les astres, qu'il n'y avait nulle trace d'improvisation ou de hasard dans nos bonheurs ni dans nos malheurs. Pour n'avoir su opposer à une si noble « superstition » que les « lois de l'hérédité », notre science s'est disqualifiée à jamais. Nous avions chacun notre « étoile » ; nous voilà esclaves d'une odieuse chimie. C'est l'ultime dégradation de l'idée de destin.

Il n'est nullement improbable qu'une crise individuelle devienne un jour le fait de tous et qu'elle acquière ainsi, non plus une signification psychologique, mais historique. Il ne s'agit pas là d'une simple hypothèse ; il est des signes qu'il faut s'habituer à lire.

Après avoir gâché l'éternité vraie, l'homme est tombé dans le temps, où il a réussi, sinon à prospérer, du moins à vivre : ce qui est certain, c'est qu'il s'en est accommodé. Le processus de cette chute et de cet accommodement a nom Histoire.

Mais voici que le menace une autre chute, dont il est encore malaisé d'apprécier l'ampleur. Cette fois-ci, il ne s'agira plus pour lui de tomber de l'éternité, mais du temps ; et, tomber du temps, c'est tomber de l'histoire, c'est, le devenir suspendu, s'enliser dans l'inerte et le morne, dans l'absolu de la stagnation, où le verbe lui-même s'enlise, faute de pouvoir se hisser au blasphème ou à l'imploration. Imminente ou non, cette chute est possible, voire inévitable. Quand elle sera le partage de l'homme, il cessera d'être un animal historique. Et c'est alors qu'ayant perdu jusqu'au souvenir de la véritable éternité, de son premier bonheur, il tournera ses regards ailleurs, vers l'univers temporel, vers ce second paradis, dont il aura été banni.

Tant que nous demeurons à l'intérieur du temps, nous avons des semblables, avec lesquels nous entendons rivaliser ; dès que nous cessons d'y être, tout ce qu'ils font et tout ce qu'ils peuvent penser de nous, ne nous importe plus guère, parce que nous sommes si détachés d'eux et de nous-mêmes que produire une œuvre ou y songer seulement nous semble oiseux ou saugrenu.

L'insensibilité à son propre destin est le fait de celui qui est déchu du temps, et qui, à mesure que cette déchéance s'accuse, devient incapable de se manifester ou de vouloir simplement laisser des traces. Le temps, il faut bien en convenir, constitue notre élément vital ; quand nous en sommes dépossédés, nous nous trouvons sans appui, en pleine irréalité ou en plein enfer. Ou dans les deux à la fois, dans l'ennui, cette nostalgie inassouvie du temps, cette impossibilité de le rattraper et de nous y insérer, cette frustration de le voir couler là-haut, au-dessus de nos misères. Avoir perdu et l'éternité et le temps ! L'ennui est la rumination de cette double perte. Autant dire l'état normal, le mode de sentir officiel d'une humanité éjectée enfin de l'histoire.

L'homme se dresse contre les dieux et les renie, tout en leur reconnaissant une qualité de fantômes ; quand il sera projeté au-dessous du temps, à tel point il se trouvera loin d'eux qu'il n'en conservera même pas l'idée. Et c'est en punition de cet oubli qu'il fera alors l'expérience de la déchéance complète.

Celui qui veut être plus qu'il n'est, ne manquera pas d'être moins. Au déséquilibre de la tension succédera, à plus ou moins bref délai, celui du relâchement et de l'abandon. Cette symétrie une fois posée, il faut aller plus avant et reconnaître qu'il y a du mystère dans la déchéance. Le déchu n'a rien à voir avec le raté ; il évoque plutôt l'idée de quelqu'un frappé surnaturellement, comme si une puissance maléfique se fût acharnée contre lui et eût pris possession de ses facultés.

Le spectacle de la déchéance l'emporte sur celui de la mort : tous les êtres meurent ; l'homme seul est *appelé* à déchoir. Il est en porte-à-faux par rapport à la vie (comme la vie l'est du reste par rapport à la matière). Plus il s'écarte d'elle, soit en s'élevant, soit en tombant, plus il approche de sa ruine. Qu'il arrive à se transfigurer ou à se défigurer, dans les deux cas il se fourvoie. Encore faut-il ajouter que ce fourvoiement, il ne pourrait l'éviter, sans escamoter son destin.

Vouloir signifie se maintenir à tout prix dans un état d'exaspération et de fièvre. L'effort est épuisant et il n'est pas dit que l'homme puisse le soutenir toujours. Croire qu'il lui appartient de dépasser sa condition et de s'orienter vers celle de surhomme, c'est oublier qu'il a du mal à tenir le coup *en tant qu'homme*, et qu'il n'y parvient qu'à force de tendre sa volonté, son ressort, au maximum. Or, la volonté, qui contient un principe suspect et même funeste, se retourne contre ceux qui en abusent. Il n'est pas naturel de vouloir ou, plus exactement, il faudrait vouloir juste assez pour vivre ; dès qu'on veut en deçà ou au-delà, on se détraque et on dégringole tôt ou tard. Si le manque de volonté est une maladie, la volonté elle-même en est une autre, pire encore : c'est d'elle, de ses excès, bien plus que de ses défaillances, que dérivent toutes les infortunes de l'homme. Mais s'il veut déjà trop dans l'état où il est, qu'adviendrait-il de lui s'il accédait au rang de surhomme ? Il éclaterait sans doute et s'écroulerait sur lui-même. Et c'est par un détour grandiose qu'il serait amené alors à tomber du temps pour entrer dans l'éternité d'en bas, terme inéluctable où peu importe, en fin de compte, qu'il arrive par dépérissement ou par désastre.

Reproduit et achevé d'imprimer
par l'Imprimerie Floch
à Mayenne, le 4 juin 1985.
Dépôt légal : juin 1985.
1er dépôt légal : novembre 1964.
Numéro d'imprimeur : 23145.

ISBN 2-07-021460-5 / Imprimé en France

35582